EDITORIAL

Vorspiel

Will man sich entlang den Themen des Menschseins bewegen, kommt man am Thema »Sexualität« nicht vorbei. Nun hat auch der »Leidfaden« ein Themenheft »Sexualität«. Warum? Weil Zeiten der Krise, des Leids und der Trauer jeden Lebensbereich auf den Prüfstein stellen. Kein Stein bleibt auf dem anderen – und zu diesen Steinen gehört auch die Sexualität. Sie ist Vitalität, Lebenskraft, Lebensäußerung und wird durch leidvolle Umstände in ein besonderes Licht gestellt. Über dieses Licht berichten Betroffene und Fachpersonen aus unterschiedlichen Perspektiven. Welche Sensibilitäten sind in der Begleitung und Beratung wichtig? Wie mit einem Themenfeld umgehen, das zum Menschsein gehört und doch gleichzeitig in der Privatsphäre beheimatet ist? Was bedeutet eine angemessene Zurückhaltung für das Intime in diesem Spannungsfeld? Wie den Gefühlen der Schamhaftigkeit, sowohl der eigenen als auch der der Klientinnen/Klienten oder Patienten/Patientinnen, begegnen? Ist Sexualität in der Trauerbegleitung Ausdruck eines aufgeklärten Subjekts der Postmoderne oder ganz einfach eine weitere Professionalisierung der Privatsphäre? Oder sollten wir es nicht besser mit Wittgensteins »Tractatus logico-philosophicus« halten: Wovon man nicht sprechen kann, darüber muss man schweigen? Wir meinen: nein! Der Moment, in dem die Sexualität ihre Selbstverständlichkeit verliert, ist der, an dem eine vertiefte Auseinandersetzung mit diesem Lebensbereich seine Bedeutung erlangt – auch in der Begleitung von Menschen in Krisen, Leid und Trauer. Über diese verlorengegangenen »Selbstverständlichkeiten«, sei es in der Pflege von Menschen mit Demenz, im ärztlichen Gespräch, bei einem Krebsleiden oder beim eigenen »être sexué«, berichtet diese »Leidfaden«-Ausgabe. Lesen Sie dazu und mehr in diesem Heft – im Wissen darum, dass dadurch Krisen nicht sexier werden.

Wir wünschen eine anregende Lektüre.

Dorothee Bürgi

Sylvia Brathuhn

11 Avodah K. Offit | Das sexuelle Ich

Inhalt

1 Editorial

4 Christian M. Rutishauser
Sexualität und spirituelles Wachstum

11 Avodah K. Offit
Das sexuelle Ich

12 Mari Günther
Leid* – Erfahrungen von Scham und Verlust bei trans*Personen

19 Kathrin Spielvogel
Sinnlichkeit und Krebs – Über die Schönheit und das Biest – Wie in einem romantischen Film …

23 Ulrike Neurath
»Der Sieg des Lebens« – Robert Budzinski und sein nicht ganz herkömmlicher Totentanz

27 Susanne Pointner
Sinnlich in dunkler Stunde – Eros, Leiderfahrungen und Spiritualität in Paarbeziehungen

33 Gunvor Sramek
Sexualität und Demenz

39 Regula Eugster
Heime und Institutionen müssen Tabuarbeit leisten

43 Udo Rauchfleisch
Sterben und Tod – Erfahrungen von gleichgeschlechtlichen Paaren und ihren Angehörigen

27 Susanne Pointner | Sinnlich in dunkler Stunde

19 Kathrin Spielvogel
Sinnlichkeit und Krebs – Über die Schönheit und das Biest

46 Christine Behrens
Schönheit und Erotik auf dem Ohlsdorfer Friedhof

53 Barbara Zeyen Käch
Wissen und Mut sind gefragt! Sprechen über Sexualität im medizinischen Umfeld

56 Robert Glattau
Leben mit Tamosex

59 Alfried Längle
Sexualität – die Lust am Leben

66 Thorsten Klein und Felix Grützner
»Lustige« Witwen? Vom Umgang mit Trauer im Musiktheater

73 Andrea Hofmann
Sexuelle Ausbeutung von Kindern und Jugendlichen

77 Dorothee Schramm
»Chaos der Gefühle – auf beiden Seiten« oder eine Geschichte, die man nie vergisst – Tagebuchaufzeichnung einer Palliativschwester

79 Christina Gerlach
Das Gespräch »über die schönste Nebensache der Welt«

81 Martin Bachmann
Trauer und Schmerz – und dann einfach Sex? Wie Männer ihre Körperlichkeit nutzen in Trauer und Schmerz

86 **Fortbildungseinheit zum Thema »Veränderung des Körperbildes und der Sexualität in der palliativen Krankheitsphase«**

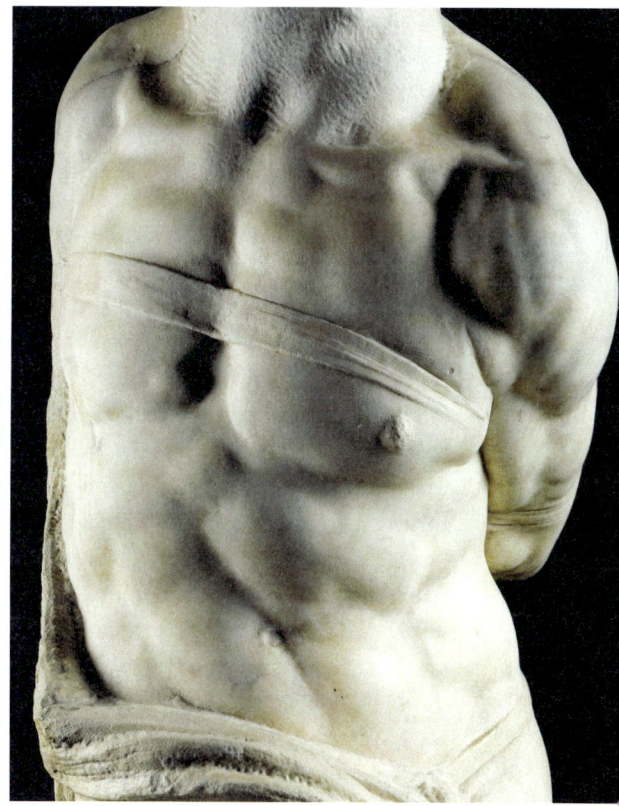

92 Rezension

94 BVT-Nachrichten

99 Cartoon | Vorschau

100 Impressum

Sexualität und spirituelles Wachstum

Christian M. Rutishauser

Die Bedeutung der Sexualität in den religiösen Traditionen

Religionen beziehen sich auf das Leben als Ganzes, auf letzte Fragen, und haben nicht nur einen Teilbereich im Blick. Vor diesem Horizont haben sie eine doppelte Funktion: Einerseits ordnen sie die Wirklichkeit des Lebens durch Ideale, Werte und Normen, und anderseits helfen sie, die Wirklichkeit, die für den Menschen immer auch zu klein und unheil ist, zu übersteigen, und zeigen Erlösungswege auf. Dabei gehört die Sexualität zu den letzten Fragen, da sich in ihr eine Erfahrung zeigt, die den Menschen unmittelbar angeht und der er sich stellen muss.

Die Religionen haben vor allem versucht, die Sexualität zu ordnen. Angesichts neuer humanwissenschaftlicher Erkenntnisse und veränderter sozialer Verhältnisse sind auch religiöse Institutionen dabei, ihre Sicht auf Sexualität anzupassen. Wie jede Epoche ihre besondere Aufgabe hat, gehört es wohl zu unserem Jahrhundert, die angebrochene Sexualitäts- und Geschlechterdebatte theologisch so zu begleiten, dass nicht kurzlebigen Modeströmungen das Wort geredet, sondern der Sinn der Sexualität vertieft erfasst wird. Das Verfassen einer humanen, Freiheit und Wachstum fördernden Regulierung der gesellschaftlichen Dimension der Sexualität ist auch in Zukunft eine Aufgabe aller religiösen Traditionen. Zudem haben sie die individuelle Entwicklung der Menschen zu begleiten, worin die Sexualität eine konstitutive Rolle spielt. Dabei geht es um Transzendierung und Erlösung aus Prägung, damit die erotisch-sexuelle Strebekraft ins geistig-spirituelle Wachstum integriert wird. Überwindung von Entfremdung und Schuld, Transzendierung der

Es geht um Transzendierung und Erlösung aus Prägung, damit die erotisch-sexuelle Strebekraft ins geistig-spirituelle Wachstum integriert wird.

Alexej Jawlensky, Berggipfel, 1912 / © Sotheby's / akg-images

Alltagswirklichkeit auf das Religiöse hin gehört zu ihren Aufgaben. Religionen sollen Weisheitswissen und Rituale bereitstellen, die dem Menschen als sexuell geprägtem Wesen helfen, sich auf Vollendung hin zu überschreiten.

Die spirituellen Traditionen Asiens scheinen da auf den ersten Blick einen reicheren Schatz entwickelt zu haben als die monotheistischen Religionen. Doch auch in diesen gibt es eine spirituelle Tradition der Liebes- und Brautmystik und der Sinnlichkeit, die alles andere als leibfeindlich ist, wie wir sehen werden. Schließlich ist gerade das Christentum ein Glaube, der nicht Erkenntnis oder Erleuchtung ins Zentrum stellt, sondern die Liebe. Diese geistliche Tradition ist aber zum einen Teil in Vergessenheit geraten und zum anderen Teil seit der Aufklärung fast nur ethisch verstanden worden. Die Sexualität als konstitutives Element auf dem spirituellen Weg des menschlichen Wachstums zu thematisieren, ist weitgehend noch ein Desiderat.

Beschäftigt man sich aus religiöser Perspektive mit Sexualität, ist eine naturalistisch-biologistisch verkürzte Annäherung von vornherein ausgeschlossen. Phänomenologische Zugänge hingegen, seien sie mehr physiologisch-psychologisch oder auch soziologisch, sind notwendigerweise vorausgesetzt. Der religiös-spirituelle Blick darf die humanwissenschaftlichen Erkenntnisse nicht übergehen. Sie sind kritisch-positiv zu integrieren. Religion soll die Sexualität auch nicht sakralisierend überhöhen und entrücken. Vielmehr bringt die Theologie existenzielle, ethische, spirituelle und metaphysische Dimensionen ins Spiel, oft im Zwiegespräch mit der Philosophie. In diesem Artikel beschränke ich mich auf wenige Gedanken zum Menschen als geschlechtlichem Geschöpf, dessen Entwicklung durch Sexualität mitgeprägt ist, die auch in Spiritualität und Mystik eine entscheidende Rolle spielt.

Der Mensch als »être sexué«

Viele religiöse Traditionen bezwecken eine Vergeistigung des Menschen, und zwar in der Weise, dass der Mensch seine Leiblichkeit übersteigt und zurücklässt. Es geht um die Seele. Die Vergänglichkeit des Körpers ist offensichtlich, der Seele aber wird Unsterblichkeit zugesprochen. Der Körper wird zuweilen zu einer austauschbaren Hülle. Zudem werden Sinnlichkeit, Leiblichkeit und Sexualität, ja alle Begierde negativ bewertet. Die Aufklärung, der Vernunft und Ethik verpflichtet, hat ähnlich wie die Religion zu einem Idealismus geführt, der dem Leiblichen nicht gerecht wird. Ein Umdenken hat in der europäischen Kultur begonnen. Dabei ist es entscheidend, auch die religiösen Quellen neu zu lesen.

Die Bibel sieht den Menschen schon auf der ersten Seite im Abbild Gottes »männlich und weiblich« (Genesis 1, 27) geschaffen. Sie bezeichnet dies als »sehr gut« (Genesis 1, 31). Dabei ist einerseits festzuhalten, dass es in der Genesis nicht heißt, der Mensch sei als »Mann und Frau« geschaffen, wie allzu oft übersetzt wird. Das Hebräische für »männlich und weiblich« macht den Text anschlussfähig an moderne Konzepte, die Männliches und Weibliches in jedem Menschen postulieren. Andererseits ist das Geschlechtliche nicht irgendeine Eigenschaft des Menschen, sondern wird mit der Wesensbestimmung verbunden, Abbild Gottes zu sein und zu werden. Für die jüdische wie für die christliche Tradition ist es immer auch ein Auftrag, Abbild Gottes zu werden. Der Mensch ist von Anfang bis Ende ein durch Geschlechtlichkeit und Sexualität bestimmtes Wesen, »un être sexué«, das sich im Wachstumsprozess zu verwirklichen hat. Der Körper ist Leib des Menschen, und dieser ist eine Leib-Seele-Geist-Einheit. Der Leib gehört wesentlich zu ihm, wie dies der christliche Glaube an die »Auferstehung des Fleisches« als deutliche Alternative zu einer Lehre der Wiedergeburt der Seele in verschiedenen Körpern formuliert. Nicht nur eine Seele, sondern die Person als Ganzes findet auf geheimnisvolle Weise Eingang in ein Leben mit Gott nach dem irdischen Tod. Freilich spielt Sexualität in der Jenseitsvorstellung keine Rolle mehr (vgl. Matthäus 22, 23–30). Sie gehört zur irdischen Wirklichkeit.

Zudem ist zu sagen, dass die Genesis bei der ersten und exemplarischen Grundschuld im Garten Eden nicht von einem sexuellen Versagen spricht. Obwohl die christliche Tradition einen Sündenfall in Genesis 3 hineininterpretiert hat, wird da nirgends von einem »Fall« gesprochen. Nicht einmal eine Frucht fällt vom Baum! Vielmehr können Mann und Frau mit einer Begrenzung nicht umgehen, denn sie dürfen von allen Bäumen essen, nur nicht vom Baum der Erkenntnis. Die Lust zu essen ist der sexuellen Begierde nahe. Sie essen und lügen und überschreiten damit eine doppelte Grenze: Die durch Begierde motivierte Grenzüberschreitung führt zur Erkenntnis, auch der Geschlechtlichkeit. Dieser Erkenntnis aber sind sie nicht gewachsen und verstricken sich in Unwahrheit. Der Mann und die Frau entdecken, dass sie verletzlich und durchschaubar sind. Sie können einander nicht mehr vertrauen und schützen ihre Sexualorgane als Ort der Erkenntnis voreinander mit einem Feigenblatt. Gott aber ersetzt es und hüllt sie in Fellkleider (Genesis 3, 21). Die Geburtsschmerzen der Frau werden als negative Folge dieser Überschreitung gedeutet (Genesis 3, 16), doch die Sexualität wird nicht abgewertet. Sie ist für die hebräische Bibel ein Ort der Erkenntnis – nicht umsonst wird Beischlaf oft mit dem Wort »erkennen« umschrieben (vgl. z. B. Genesis 4, 1; 4, 17; 4, 25).

Die ersten Kapitel der Genesis ergeben folgende Ansicht: Erkennen ohne Grenzüberschreitung ist unmöglich; auch in der Sexualität geht es um Grenzüberschreitung. Sie will den Menschen aus sich heraus und über sich hinausführen. Im Erkenntnisprozess wie in der Sexualität macht sich der Mensch immer auch schuldig. Immer kommt es zu Irrtum und Verabsolutierung von Teilwahrheit, zu falscher Objektivierung und Missbrauch. Grenzüberschreitungen offenbaren die Endlichkeit, die Sterblichkeit, ja den Tod, was aber nicht dazu führen darf, sie deswegen negativ zu beurteilen. Im Gegenteil. Die jüdische wie die christliche Tradition schätzen Erkenntnis und Sexualität, erkennen aber auch ihre Begrenztheit und lehren uns, auf dem Weg der Entwicklung und des Wachstums immer wieder umzukehren, neu anzufangen und weiterzuschreiten. Erkenntnis und Sexualität sind zu bejahen, weil sie von einer Strebekraft getragen sind, sich auf das Andere und den Anderen hin zu öffnen und mit ihm in Beziehung zu treten. Und geschieht dies in Umkehr und Liebe, ist die Kraft gefunden, die so stark ist wie der Tod (vgl. Hohelied 8, 6). Bei allen Umwegen und Fehlern kann so auch Goethe im »Faust II« am Ende die Engel sagen lassen: »Wer immer strebend sich bemüht, den können wir erlösen.«

Sexualität als Aspekt der Personwerdung

Jahrhundertelang haben die Religionen den Sinn der Sexualität in der Zeugung von Nachkommen gesehen, und dies eingebettet in den sozialen Kulturträger Familie. Angesichts der lebensweltlichen Situation früherer Generationen ist dies verständlich. In der Moderne hat sich die Gesellschaft jedoch ausdifferenziert. Die Individualität hat sich stark entwickelt, und der Wert von Sexualität für die einzelne Person ist in den Vordergrund getreten. Durch die Leibsprache der Sexualität geht der Mensch existenziell und ganzheitlich aus sich heraus, tritt in Beziehung und kann zugleich ganz bei sich selbst bleiben. Sich verschenken und sich finden fallen im Geschlechtsakt idealerweise zusammen. Es geht um ganzheitliche Kommunikation und Leibsprache. Vorausgesetzt bleibt, dass beide Personen aus freien Stücken handeln und je fähig sind, sich füreinander zu öffnen.

Der Alltag der Sexualität bleibt aber auch oft dahinter zurück, wird verletzend und abgründig gelebt, von vitalen, psychodynamischen und das Ich überwältigenden Kräften heimgesucht. Verobjektivierende Begierdebefriedigung und von Selbstbehauptung getriebene Machtkämpfe sind allgegenwärtig. Für viele ist beglückende und beziehungsstiftende Sexualität nur durch langsames Lernen zu erlangen. Die vitale Kraft steht schließlich wie bei allen Lebewesen im Dienst von Selbstvergewisserung, Durchsetzung und Selbstbehauptung. Daher ist die Sexualität nicht nur beim Mann von physischer Kraft, die leicht zur Gewalt tendieren kann, mitgeprägt, sondern auch bei der Frau, deren Beziehungskraft allzu rasch bindet und fesselt, durch Machtausübung bestimmt. Die humane Gestaltung der eigenen Sexualsprache, das Zulassenkönnen von Nähe und machtfreie Intimkommunikation gehören zum Prozess der Personwerdung. Indem das Gegenüber ihn an den intimsten Körperstellen berührt und vor Körpersäften, Blut und Ausdünstung nicht zurückschreckt, erfährt der Mensch, dass er auch in seiner Körperlichkeit angenommen ist. Er erlebt dabei, dass er nicht nur einen Körper hat, sondern auch Leib ist. Im sexuellen Spiel gibt er zudem tiefen seelischen Konstellationen symbolischen Ausdruck und oft eine ritualisierte Inszenierung, die sehr heilsam sein kann. Seelische Verwundungen, die seit Geburt und Kindheit jede Biografie begleiten, werden dabei in emotionale Fähigkeit verwandelt. In gelebter Sexualität werden mit der erregenden Berührung das Sehen, Hören, Riechen und Schmecken verknüpft. Alle Sinne werden in der Sexualität mitgeformt und entwickelt. Ihr Zusammenspiel sowie ihre Verfeinerung stellt die Sinnrichtung der Personwerdung dar.

Insofern das erotisch-sexuelle Begehren aber auch immer Blindheit in sich trägt, idealisiert es den Partner und überdeckt ihn mit Projektionen. Glück und Erlösung werden von ihm erwartet, was er aber nie ganz erfüllen kann. Somit führt die Sexualität den Menschen in eine Grenzsituation und lässt ihn auch ernüchtert, wenn nicht sogar enttäuscht zurück. Dadurch gewinnt er aber auch eine realistische Einschätzung dessen, was Sexualität, was zwischenmenschliche Beziehung und wer er selbst ist. Er kann sich als Person, das heißt als ein in Freiheit und liebend-schöpferischer Beziehung stehendes Geschöpf entfalten und dabei über sich selbst hinauswachsen, auch auf die geistig-spirituelle Wirklichkeit hin.

Aus religiöser Sicht zielt alles menschliche Begehren letztlich über alles Geschaffene hinaus auf die geistige Wirklichkeit. Wie die Erfahrung aber auch zeigt, richtet sich erotisch-sexuelle Begierde nicht nur auf Mitmenschen, sondern auch auf andere Lebewesen, Geschöpfe, Gegenstände. Um dieser Situation gerecht zu werden, sei daher das leicht adaptierte Schema von William R. Stayton (1980) zur Veranschaulichung vorgestellt.

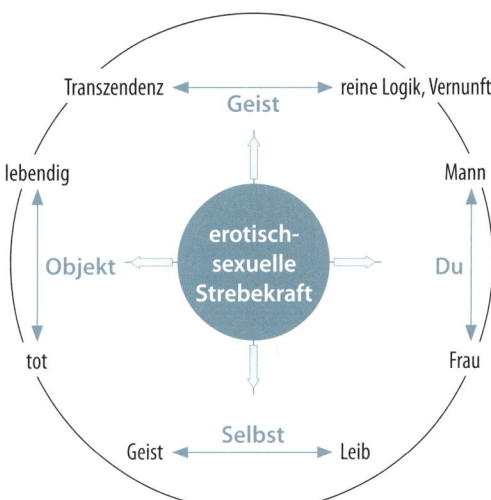

Das Sich-Überlagern der vier Streberichtungen – zu sich selbst, zu Dingen, zum Mitmenschen und zur geistigen Welt – sowie ihre Relation zueinander können unterschiedliche Formen annehmen. Sie sind nie ganz voneinander getrennt. Sie durchdringen sich gegenseitig. Auf das Begehren von Gegenständen kann hier nicht näher eingegangen werden. Jedenfalls spielen sie auch in der Vermittlung von sexuellen Beziehungen zwischen Menschen und im religiös-spirituellen Bereich eine zentrale Rolle. Uns interessiert die spirituelle Dimension des menschlichen Wachstums, wie sie sich im Heranreifen sexuell gelebter Beziehungen zeigt, seien sie heterosexuell oder homosexuell orientiert.

Joan H. Timmerman (1992, S. 51–66) nennt zehn Aspekte eines sexuell-spirituellen Wachstums. Während sich die einen mehr zeitlich ordnen und bedingen, durchdringen sich die anderen mehr synchron. Sie seien hier genannt, ohne im Detail darauf eingehen zu können: 1. Annahme der leiblichen Sexualveränderungen, welche die Pubertät mit sich bringt; 2. Überwindung von Schuld, Scham, Angst und sexuellen Verboten, die zur Kindheit gehören; 3. Verschiebung der primären emotionalen Anhänglichkeit von den Eltern auf gleichaltrige Freunde und Freundinnen; 4. die Fähigkeit, Emotionen und Fragen zur Sexualität und ihrer Orientierung verbalisieren zu können; 5. sich der sexuell-erotischen Begierdestruktur bewusst werden und sie annehmen, 6. Erlebenkönnen des ersten Geschlechtsverkehrs in einem ritualisiert-geschützten Rahmen, damit Selbstüberschreitung möglich wird; 7. Fähigkeit, mit blinder, sexueller Triebhaftigkeit wie auch mit sexueller Impotenz umzugehen; 8. Einordnung der Sexualität in das Ganze der eigenen Biografie; 9. umfassende ethische Verantwortung für seine Sexualität übernehmen; 10. Intimität so leben können, dass Sexualität ganz in personaler Liebe aufgehoben ist.

Es geht also um die Integration der Sexualität in die Gesamtperson. Humanisierung bedeutet aber nicht nur, dass sich der Mensch gegenüber seiner Sexualkraft frei und verantwortungsbewusst zu verhalten lernt. Vielmehr geht es auch um die Fähigkeit, das Gegenüber nicht als Objekt der Begierde zu versachlichen, sondern ihm als freiem und letztlich geheimnisvollem, nie ganz fassbarem Wesen intim begegnen zu können. Die Fähigkeit zu Zärtlichkeit, Intimität und Diskretion, zur Ekstase und Hingabe sowie zum Hören und intuitiven Wahrnehmen der seelischen Impulse bei sich selbst und beim Partner gehören wesentlich zu einem personal gereiften Sexualverhalten.

Sexuelles und spirituelles Reifen des Menschen sind sensible Prozesse. Persönliche sexuelle und spirituelle Entwicklung fußen auf zwei Fundamenten: die Partnerschaft auf Augenhöhe aus freiem Konsens und das treu Zueinanderstehen in »guten wie in schlechten Tagen«, wie es im Eheschließungsritus heißt. Die Institution der Ehe soll Rahmen und Schutz sein, die den unumgänglich lustvollen, aber auch konfliktreichen inneren Wachstumsprozess eines Paares ermöglicht, wie ich ihn in diesem Beitrag beschrieben habe. Sie hilft in der Ernüchterung und Krise nach der idealisierenden Verliebtheitsphase und gibt Halt, so dass auch gegenseitig die Abgründe und dunklen Seiten angenommen werden können. Dabei schadet eine Idealisierung der Ehe. Es geht nicht ohne Umwege. Versöhnung gehört nach Untreue dazu. So will die Ehe ein heilsamer Rahmen sein, um täglich aneinander zu wachsen, auch was die Sexualität betrifft. Spirituell gesehen lässt die Ehe ein Paar über sich hinauswachsen auf eine Gottesbeziehung hin. Sie stellt einen spirituellen Übungsweg dar. Treue steht letztlich im Dienst einer ganzheitlichen erotisch-sexuellen, spirituellen und persönlichen Reifung des Ichs am Du – auch und vielleicht vor allem in Zeiten von Krise, Leid und Trauer.

P. Christian M. Rutishauser SJ, Provinzial der Schweizer Jesuiten, Dr. theol., ehemals Bildungsleiter im Lassalle-Haus Bad Schönbrunn, Zentrum für Spiritualität und interreligiösen Dialog, Experte im jüdisch-christlichen Dialog.
E-Mail: christian.rutishauser@lassalle-haus.org

Literatur

Kick, H. A. (Hrsg.) (2006). Eros und Grenzsituation. Von der Verliebtheit zur Beziehungskultur. Münster.
Müller, W. (2012). Vom Kusse seines Mundes trunken. Sexualität als Quelle der Spiritualität. Würzburg.
Stayton, W. R. (1980). A theory of sexual orientation. The universe as a turn-on. In: Topics in Clinical Nursing, 1, 4, S. 1–8.
Stuart E., Thatcher A. (Hrsg.) (1996). Christian perspective on sexuality and gender. Leominster, Michigan.
Timmerman, J. A. (1992). Sexuality and spiritual growth. New York.
Willi, J. (2004). Psychologie der Liebe. Persönliche Entwicklung durch Partnerbeziehungen. Hamburg.

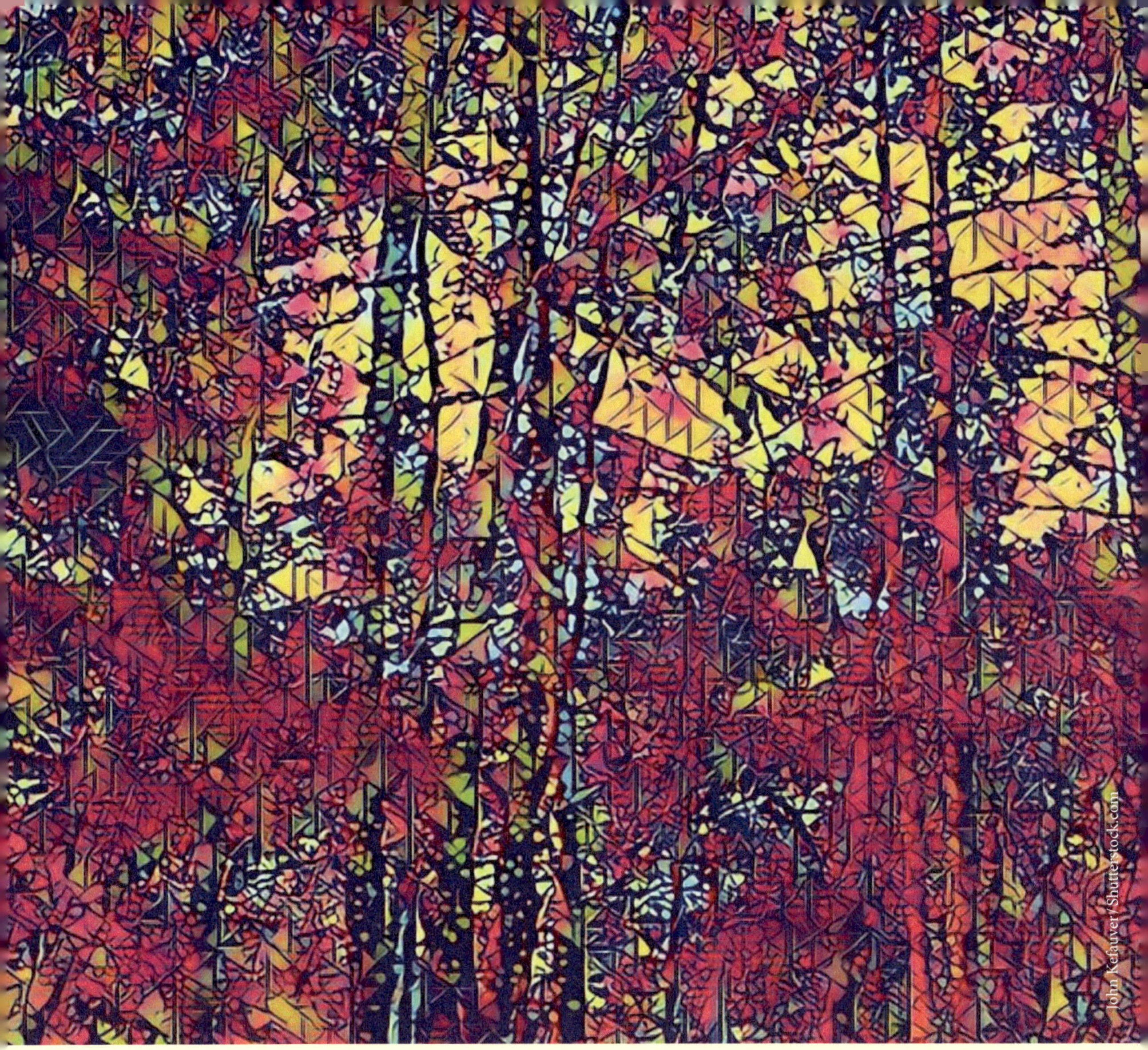

John Kefauver/Shutterstock.com

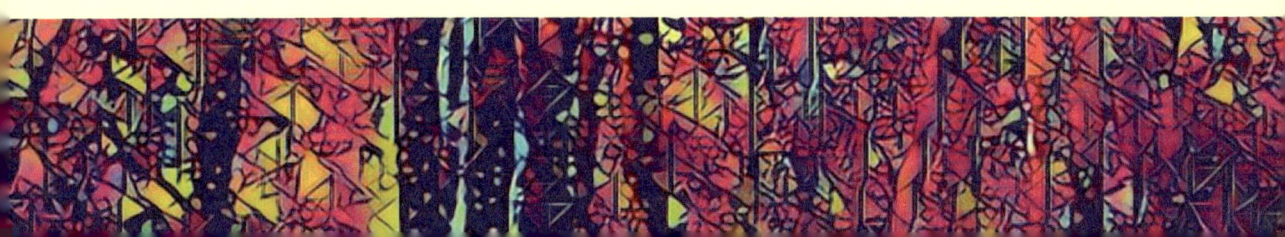

Sexualität ist, was wir daraus machen: eine teure oder billige Ware, Mittel der Fortpflanzung, Abwehr der Einsamkeit, eine Kommunikationsform, eine Waffe der Aggression (Herrschaft, Macht, Strafe, Unterwerfung), ein Sport, Liebe, Kunst, Schönheit, ein idealer Zustand, das Böse, das Gute, Luxus oder Entspannung, Belohnung, Flucht, ein Grund der Selbstachtung, ein Ausdruck der Zuneigung (mütterlicher, väterlicher, brüderlicher oder schlicht menschlicher Verbundenheit), eine Art der Rebellion, eine Quelle der Freiheit, Pflicht, Vergnügen, Vereinigung mit dem All, mystische Ekstase, indirekter Todeswunsch oder Todeserleben, ein Weg zum Frieden, eine juristische Streitsache, eine Art, menschliches Neuland zu erkunden, eine Technik, eine biologische Funktion, Ausdruck psychischer Krankheit oder Gesundheit, oder einfach eine sinnliche Erfahrung.

(Avodah Offit, Das sexuelle Ich. Aus dem Amerikanischen von Wolfgang Krege. © Avodah Offit 1977. Stuttgart, Klett-Cotta, 1979, S. 16)

Leid*
Erfahrungen von Scham und Verlust bei trans*Personen

Mari Günther

Ich schrieb diesen Artikel mit herzlichen und zutiefst wehmütigen Gedanken an eine Blume, die nicht mehr blüht, eine Rose, die noch duftet für die, die sie kannten. Ein Mensch ist vor der Zeit gegangen.

Vorbemerkung

Ich wurde eingeladen, einen Text zu schreiben, der auf das Leiden, die Verlusterfahrungen insbesondere von trans*Personen Bezug nimmt (Günther 2016). Dazu habe ich drei Aspekte ausgewählt, innerhalb derer ein spezifisches Leiden greifbar wird. Ich nenne sie: *Nichtdazugehören, Beziehungen und Trennungen* und *verlorene Jahre*. Den Aspekt von *Scham* und *Schuld(gefühlen)* bei trans*Personen habe ich hinzugenommen, weil ich glaube, dass der Umgang mit diesen Gefühlen sehr die Möglichkeit zu beeinflussen scheint, mit Trauer und Verlust einen guten Umgang zu finden.

> Zur Schreibweise: In dieser Publikation wird das Wort »trans*« klein geschrieben, wenn es um eine Person geht, die dieses Persönlichkeitsmerkmal hat. Es soll deutlich machen, dass es um einen Aspekt der Persönlichkeit geht, der die Person aber nicht ausschließlich zu einem »Trans*Menschen« macht. Bei Worten wie Trans*Community wird es dagegen groß geschrieben, weil das Trans*Thema das identitätsstiftende Thema ist.

Worum geht es?

Eingangs möchte ich auf das Phänomen der Trans*Geschlechtlichkeit eingehen. Es geht mir um Erfahrungen aus der gemeinsamen Arbeit mit trans*Menschen, also Menschen, die mit dem ihnen bei ihrer Geburt zugewiesenen Geschlecht nicht, nicht ganz oder nicht immer einverstanden sind. Dieser Satz ist gleichzeitig der Versuch einer Definition von *Trans** zum heutigen Zeitpunkt (Günther 2016).

Zu betonen ist hierbei, dass trans*Personen ihr Trans*Sein innerhalb eines zweigeschlechtlichen Bezugsrahmens von weiblich und männlich verstehen können, sich also *dem* anderen Geschlecht zugehörig fühlen, aber gleichermaßen auch ihr Trans*Sein jenseits einer Annahme von nur zwei Geschlechtern verstehen, also *einem* anderen Geschlecht angehören oder eine Geschlechtszuordnung überhaupt ablehnen.

Zwischen Selbstbestimmung und medizinischer Sicht

Ein großer Teil, jedoch nicht alle trans*Personen, möchte neben der Veränderung ihres Namens und Geschlechtseintrags auch ihren Körper dem empfundenen Geschlecht angleichen. Sie ziehen also hormonelle und operative Eingriffe in Betracht. Nach Wissensstand der Community und aktueller Forschungslage sind geschlechtsangleichende Maßnahmen sowie der Zugang dazu von elementarer Bedeutung für Wohlergehen, Gesundheit und faktisch auch für das Überleben von trans*Personen.

Menschen mit solch einem Selbsterleben sind noch immer vielen strukturellen und individuellen Diskriminierungen ausgesetzt. Ein häufig von trans*Personen als zentral erlebtes Moment der Diskriminierung ist die Psychopathologisierung. Aus dem transgeschlechtlichen Erleben wurde die psychische Störung des *Transsexualismus* (ICD-10, F64.0) konstruiert und diagnostisch festgeschrieben. Der Zugang zu jeglichen körperlichen Veränderungen und deren Kostenübernahme durch eine Krankenkasse führt nur über die Vergabe dieser Diagnose.

Inzwischen zeigt sich auf wissenschaftlicher Seite ein Übergang hin zu einer teilweisen Entpsychopathologisierung (Nieder et al. 2017), so ist im DSM-5 von einer *Genderdysphoria* die Rede, in der kommenden ICD-11 von einer *Geschlechtsinkongruenz*. Beide Diagnosen vermeiden die Annahme einer dichotomen Zweigeschlechtlichkeit und die zwingende Verknüpfung eines Trans*Seins mit dem Wunsch nach umfangreichen körperlichen Modifikationen. In der ICD-11 wird es sich aller Voraussicht nach nicht mehr um eine psychische Erkrankung handeln.

Doch derzeit ist die Sicht der Akteur_innen (Günther 2016) in der Psychomedizin häufig noch von dem Krankheitskonstrukt des *Transsexualismus* aus der ICD-10 geprägt. Vor dem Hintergrund der Annahme, es bei einer trans*Person mit einer psychisch gestörten Person zu tun zu haben, welche die Tragweite körperlicher Eingriffe nicht selbstverantwortlich einschätzen und entscheiden kann, werden häufig von trans*Personen vorgebrachte Themen, Probleme, Anliegen mit einer (differenzial-)diagnostischen Brille betrachtet. Sie werden unter dem Fokus gesehen, ob sie die Diagnose bekräftigen oder eher in Frage stellen.

In der Praxis wird geradezu eine *Ein*eindeutigkeit verlangt, die mit menschlicher und auch mit Trans*Vielfalt nichts zu tun hat. So erzählen trans*Personen in anamnestischen und gutachterlichen Situationen von einer klar linearen Entwicklung ihrer Trans*Identität, betonen Klischeehaftes, verschweigen Vielfältiges. Bei der Ausprägung solch eines Narratives gehen Aspekte der eigenen Geschlechtsbiografie verloren. Sie werden nicht erzählt und dann kaum mehr erinnert. Damit kommen wichtige Ressourcen auch für den Umgang mit Leid und Verlust abhanden.

Aus Sicht von trans*Personen ist das Thematisieren von Verlusterfahrungen, Trauer und auch Zweifeln häufig nicht möglich. Zu groß ist die Angst vor (erneuter) Infragestellung der eigenen geschlechtlichen Identität.

Scham

Das Ertragen von Scham und vielleicht die Erarbeitung eines anderen Umgangs damit ist aus meiner Sicht ein zentrales Thema für trans*Personen. Es gibt eine Scham im Kontakt mit sich selbst. Es ist häufig nicht gut auszuhalten, sich selbst im Spiegel anzuschauen, man erlebt sich als nicht richtig, nicht stimmig, man möchte sich stimmiger träumen und spüren, wie gut dieses Träumen tut. Das sind Augenblicke ganz für sich, die vor den Blicken und Kommentaren anderer sehr geschützt werden müssen. Dabei besteht eine unglaubliche Furcht vor Entdeckung, vor Bloßstellung, vor Beschämung. Schon diese Vorstellung führt zu immer wiederkehrenden Reaktionen von Verneinung und Abwehr. Dinge und Kleidung werden weggeworfen, Kontakte zu Menschen, die etwas ahnen könnten, werden abgebrochen. Es ist kein Reden möglich, das Empfinden, ein anderes als das zugeschriebene Geschlecht zu haben, bleibt unaussprechlich.

In sozialen Kontakten wird eine Scham erlebt, sich zu benennen: »Bei mir ist das so …« Es besteht eine Scham, Biografisches zu erzählen: »Früher als Mädchen …«, Scham, über das eigene Genital zu sprechen: »Ich habe …«, Scham, wenn sich eine trans*Person offenbaren muss oder bestätigen muss, anders zu sein, »nicht richtig« zu sein, »Ich bin zwar eine Frau, aber …« Es gibt eine Scham und eine große Unsicherheit: Werde ich jetzt respektiert oder gerade nicht. Es gibt ein Schamgefühl, den Erwartungen der_des Partners_in, der Eltern, der Kinder, der Freund_innen nicht zu entsprechen. »Ich habe versagt, ich bin anders, ich kann diese Rolle nicht ausfüllen, ich kann euren Erwartungen nicht gerecht werden, ich genüge nicht.«

Diese Schamgefühle schützen sicherlich einerseits vor voreiligen Äußerungen zu sich selbst und vor Voyeurismus, andererseits erschweren sie sehr eine Kontaktaufnahme, ein Kennenlernen und auch das Eintreten für die eigenen Bedürfnisse.

Nicht dazugehören

Nach meiner Einschätzung zieht sich der Erkenntnis- und häufig auch Leidensprozess – einer geschlechtlichen Minderheit anzugehören – durch das ganze Leben. Es gibt diesen Verstehensprozess des »Nichtdazugehörens« schon bei jüngeren Kindern. Noch im Alter von vier bis fünf Jahren können Kinder häufig sagen, dass sie ein Junge oder Mädchen seien, ohne dass sie den dazu »passenden« Körper haben. In ihrer kindlichen Welt, in ihrer Fantasie scheint es keinen unüberwindlichen Widerspruch zwischen dem einen und dem anderen zu geben. Mit wachsender Klugheit und wenn andere Menschen in ihrer Umgebung sie mehr oder weniger freundlich darauf hinweisen, bemerken sie aber, dass sie »anders« sind. Sie realisieren in zunehmend mehr Lebenssituationen, dass ihr Körper, ihre Geschlechtsmerkmale nicht wie bei »allen« anderen zu ihrem geschlechtlichen Selbstempfinden gehören. Innerhalb der Diagnose »Genderdysphoria« des DSM-5 wird der hier entstehende Leidensdruck (entweder der vorhandene oder der antizipierte) als entscheidendes diagnostisches Kriterium betrachtet.

Der Prozess einer körperlichen Transition, also der Angleichung des Körpers an das Identitätsgeschlecht, versucht das Anderssein zu lindern, eben »gleicher« zu werden. Letztlich scheint es ein Abwägungsprozess zu sein zwischen den Fragen, was kann ich und will ich an meinem Körper verändern und mit welchen körperlichen Aspekten will oder muss ich mich arrangieren, welche muss ich annehmen, wie sie sind. Es geht also um eine Anpassung an die »Norm« und eine Akzeptanz des eigenen Andersseins für die weitere Lebenszeit. Emotional steht hier die Sehnsucht nach einem Dazugehören neben der häufig schmerzhaften und manchmal auch stolzen Akzeptanz des Besondersseins. Zu dieser Bewältigung gehören auch der Abschied von einem Idealbild, das nicht zu erreichen ist, und das Annehmen einer Heimatlosigkeit, die sich auch darin ausdrücken kann, »kein physisches Zuhause zu haben«. Das Zugehörigkeitsgefühl zu einer Trans*Community kann diesen Schmerz manchmal lindern.

Beziehungen und Trennungen

Ein Trans*Coming-Out kann eine sehr große Belastung für Beziehungen zu Partner_innen und innerhalb von Familien sein. Trennungen und Kontaktabbrüche sind noch immer ein häufiges Geschehen. Ein Abschied mit gegenseitigem Respekt ist selten. In Auseinandersetzungen mit den Partner_innen ist dann von »Betrug« die Rede, von »ausgenutzt worden zu sein«, die »Ehe müsse annulliert werden«, der Vorwurf eines blinden Egoismus steht im Raum, »krank, verrückt zu sein«. Das Geschehen wird als hochemotional erlebt, Kinder müssen vor dem trans*Elternteil »geschützt« werden, trans*Personen werden von ihren Partner_innen, Familienangehörigen zum Beispiel bei gemeinsamen Freund_innen zwangsweise geoutet, an den Pranger gestellt, ihre gesellschaftliche Position wird zu untergraben versucht. Solch ein Geschehen kündigt sich häufig an und wird von trans*Personen in ihre Abwägungen, in die zu befürchtenden Szenarien einbezogen.

Trans*Personen erleben einen zugespitzten Konflikt, sich für sich selbst, ihre Lebensperspektive zu entscheiden und dabei das Gefühl zu haben, sich gleichermaßen gegen ihre Beziehung entscheiden zu müssen: »Wenn du das tust, trenne ich mich!« Partner_innen, aber auch trans*Personen selbst formulieren häufig dieses »Entweder-oder« und sehen sich diesem unauflösbaren Widerspruch ausgesetzt. Beide Seiten erleben dies als ein kaum erträgliches Leid. Es

Alexej Jawlensky, Andreas sitzend, 1907 / akg-image

Gustave Moreau, Esquisse (Skizze), o. J. / akg-images

sind keine Zwischenstufen denkbar. Trans*Personen wollen sie »selbst sein«, aber damit doch nicht ihre wichtigste Lebensbeziehung in Gefahr bringen. Jeder Schritt hin zum »Selbst« als trans* fühlt sich an wie ein Verrat an der Liebesbeziehung. Das wird als sehr schuldbeladen erlebt und dieses Gefühl in Konflikten häufig auch verstärkt. Partner_innen fühlen sich auf der anderen Seite einem Geschehen ausgesetzt, dem sie ohnmächtig gegenüberstehen. Sie müssen sich teilweise mit Zuschreibungen wie »Bin ich jetzt lesbisch?«, »Bist du jetzt hetero?«, »Warum hast du das nicht bemerkt?« auseinandersetzen, die ihr Selbstverständnis sehr infrage stellen und sie auch in der Öffentlichkeit exponieren.

Wenn Menschen in solch einer Situation nach Unterstützung suchen, zum Beispiel in Beratungsstellen, Jugendämtern, Familiengerichten, kann

Zur Bewältigung gehört auch das Annehmen einer Heimatlosigkeit, die sich auch darin ausdrücken kann, »kein physisches Zuhause zu haben«. Das Zugehörigkeitsgefühl zu einer Trans*Community kann diesen Schmerz manchmal lindern.

eine Täter-Opfer-Dynamik noch verschärft werden. Auch Berater_innen und andere Fachkräfte können in die »Falle geraten«, die Schuldgefühle der trans*Person im Trennungsgeschehen zu verstärken. Es kann als persönliche Entlastung erlebt werden, hier doch endlich mal eindeutig eine_n »Schuldige_n« zu haben, und auch die Abwehr der eigenen, hier aktivierten geschlechtlichen, geschlechtsrollenbezogenen Zweifel kann dabei ihre Form finden. Solch ein Resonanzgeschehen, aber auch die Schuldgefühle der trans*Person allein können dazu führen, dass Ansprüche und Rechte in Trennungs- und Scheidungssituationen nicht gewahrt werden, besonders der Umgang mit den eigenen Kindern eingeschränkt oder sogar unmöglich gemacht wird, obwohl doch gerade bei körperlichen Veränderungen ein intensiver Kontakt hilft, die Bindung und die Beziehung aufrechtzuerhalten.

Für die Praxis ist es wichtig, zu vermitteln, dass eine Entscheidung für das (Aus-)Leben einer Trans*Identität zuallererst eine Entscheidung für das Leben, manchmal auch für das Überleben ist. Es ist keine egoistische selbstbezogene Entscheidung, die vorsätzlich zu Lasten anderer geht. In diesem Geschehen wird deutlich, was für eine große Bedeutung die geschlechtsrollenbezogenen Erwartungen und deren Erfüllung noch immer in der Gesellschaft haben. Der auf allen Beteiligten lastende Druck der Geschlechtsrollenkonformität, die normative Gewalt wird greifbar. Es scheint noch immer ein *schuldhaftes* Verhalten zu sein, den Geschlechtsrollenerwartungen nicht mehr gerecht zu werden.

In der Begleitung scheint es weiterhin wichtig zu sein, trans*Personen in ihren Rechten zu stärken. Auch wenn neue Aufgaben und Lebensthemen für die trans*Person wichtig werden, wenn sie viel Energie verwenden muss, um sich mit den Ansprüchen von Seiten der Psychomediziner_innen auseinanderzusetzen, sind doch die Bedürfnisse aller Beteiligten gleichermaßen legitim, es gibt nichts »wieder gut zu machen«, es gibt kein »Opfer«, dem »etwas zustände« in solch einer Situation.

Verlorene Jahre

Trans*Personen sprechen häufig von ihren *verlorenen Jahren*, wenn sie von ihren Lebensläufen berichten. Sie meinen damit die Zeit, in der sie noch nicht geoutet lebten, häufig versuchten, ihre Sehnsucht nach ihrer eigenen und eigentlichen Geschlechtlichkeit zu verbergen und den zugeschriebenen Geschlechtsrollenerwartungen gerecht zu werden. Dieses Phänomen betrifft nach meiner Einschätzung eher die ältere Generation, Jugendliche und jüngere Erwachsene hatten und haben im gesellschaftlichen Klima der letzten beiden Dekaden eher die Möglichkeit nutzen können, ein geschlechtlich vielfältiges Leben zu probieren, in Subkulturen etwas sicherere Ort für ihren individuellen geschlechtlichen Ausdruck zu finden. So wurden und werden die eigenen Lebensjahre vielleicht seltener als *verloren* erlebt.

Die »verlorenen« Jahre anzuschauen, ist für trans*Personen häufig ein schmerzhafter und auch wütender Prozess. Sie erinnern sich daran, schon als Kinder oder Jugendliche im Grunde genau gewusst zu haben, was ihr »Problem« war. Sie erinnern sich an die Rollen, die Mutter, Vater, Lehrer_innen, Pfarrer, Ärzt_innen, Psycholog_innen einnahmen. Sie erinnern sich an Ratlosigkeit, Ignoranz, Bloßstellungen, gewalttätige »Erziehungsversuche«, Manipulationsversuche im Rahmen von Psychotherapien, an Verrat, falls sie sich doch einmal einer_m Erwachsenen anvertrauten. Vieles davon wurde als traumatisch

Let's talk about Sex

erlebt, führte zu einem teilweise panischen Verbergen jeglicher Äußerungen zu ihrem trans*geschlechtlichem Erleben für eine lange Zeit.

Trans*Kindern und Jugendlichen wurde (und wird auch heute noch) gesagt, es handele sich nur um »eine Phase«, oder »es stecke doch ein anderes Problem dahinter, das sie nun mal preisgeben sollten«. Manche haben sich dann lieber eine andere »Krankheit« ausgedacht oder sich diagnostizieren und sich behandeln lassen, bevor sie ihre Eltern oder den Arzt noch mehr »enttäuschen«. Es wird eine tiefe Scham greifbar, damals als »gutes Kind« versagt zu haben. Es bestand die Angst, grundsätzlich abgelehnt zu werden, nicht mehr geliebt zu werden.

Wenn dann im Rahmen eines Coming-outs Erfahrungen gemacht werden, die zeigen, dass ein transgeschlechtliches Leben gelingen kann, dass die Hürden zwar groß, aber eben nicht unüberwindlich sind, dann schauen trans*Personen häufig zurück und fragen sich: »Warum erst jetzt?«, »Warum habe ich nicht schon viel früher diesen Schritt gewagt?«, »Warum habe ich so viel Lebenszeit verrinnen lassen, unter so unerträglichen Zuständen gelebt?« Hier kommt manchmal ein großer Selbstvorwurf zum Tragen, auch eine Erkenntnis, ein Eingestehen, dass manche Ängste und Verpflichtungen möglicherweise auch dazu gedient haben, sich selbst von den ersten Schritten eines Coming-outs noch eine Zeit lang abzuhalten.

Trans*Personen können ihre teilweise traumatischen Erfahrungen aus der Kindheit und frühen Jugend häufig nicht ohne Weiteres als eine Mitursache ihres Ausharrens, Aushaltens gelten lassen. Auch die eigene Lebensleistung wird abgewertet. Wichtig scheint es hier zu sein, solche Selbstvorwürfe zu würdigen, aber auch zu kontextualisieren, etwa zu fragen, »Wie es wäre es denn wirklich damals in den Neunzigern in dieser Kleinstadt gelaufen?« »Welche Vorurteile wären Ihnen da begegnet, welche Unterstützung hätten Sie da gefunden?«, »Wenn Sie jetzt Ihr Lebenswerk anschauen: Wo ist es weniger geworden, wo nicht?«

Hinzu kommt ein Trauerprozess besonders um eine Pubertät, die im gefühlten Geschlecht nicht stattfinden konnte (und die Pubertät im biologischen Geschlecht wurde häufig als kaum erträglich erlebt). Cis-Jugendliche[1] wurden beneidet. Auch nach einem Coming-out ist eine Jugend nicht nachholbar. Im späteren Leben wurden vielleicht Beziehungen eingegangen, in denen man zwar nicht gut zurechtkam, auch ausgenutzt wurde, die man aber nicht aufgeben konnte.

Schlussbemerkung

Trans*Personen müssen durch ein Leben in unserer Gesellschaft viel Leid erfahren und einen guten Umgang damit finden. Eine respektvolle Begleitung und ein sicherer Ort für Trauer können ihnen dabei helfen.

Mari Günther ist Diplom-Gemeindepädagogin, systemische Therapeutin in eigener Praxis und arbeit im Projekt QEEER LEBEN in Berlin. Ihr Schwerpunkt ist seit etwa 10 Jahren die Arbeit mit Familien, Paaren und Poly-Beziehungen zum Themenfeld der geschlechtlichen Identität.
E-Mail: info@mari-guenther.de

Literatur

DSM-5 – Falkai, P.; Wittchen, H.-U. (2015). Diagnostisches und Statistisches Manual psychischer Störungen. DSM-5. Göttingen.
Günther, M. (2016). Psychosoziale Beratung von inter* und trans*Personen und ihren Angehörigen. Ein Leitfaden. Pro familia Bundesverband. Frankfurt a. M. www.profamilia.de/Publikationen
ICD-10 – Dilling, H.; Mombour, W.; Schmidt, M. H. (Hrsg.) (1991). Internationale Klassifikation psychischer Störungen. ICD-10 Kapitel V (F). Klinischdiagnostische Leitlinien. Bern.
Nieder, T. O.; Güldenring, A.; Köhler, A.; Briken, P. (2017). Trans*-Gesundheitsversorgung. Zwischen Entpsychopathologisierung und bedarfsgerechter Behandlung begleitender psychischer Störungen. In: Nervenarzt, 88, 5, S. 466–471.

Anmerkung

1 Bei Cis-Menschen fallen Körpergeschlecht und Geschlechtsidentität zusammen.

Sinnlichkeit und Krebs – Über die Schönheit und das Biest
Wie in einem romantischen Film …

Kathrin Spielvogel

Eine warme Sommernacht auf einer Insel im Pazifik: Ein junges Paar, das sich erst seit kurzem kennt, sitzt eng umschlungen unter Palmen, scheint die Welt um sich herum zu vergessen, berührt und küsst sich zärtlich.

So romantisch dieses Bild auf den ersten Blick aussieht, irgendetwas stimmt nicht. Die Frau ist nervös und angespannt. Sie kann sich diesem wunderschönen Moment nicht einfach hingeben, obwohl sie nichts mehr will als das. Verzweifelt sucht sie nach den richtigen Worten und dem richtigen Zeitpunkt, um dem Mann etwas zu offenbaren; eine für sie intime und unangenehme Enthüllung. Etwas ist bei ihr anders als bei anderen Frauen und dieses Anderssein setzt sie unter Druck: Sie hat nur noch eine Brust. Sie hat keine Ahnung, wie sie das über die Lippen bringen soll. Sie hat Angst vor seiner Reaktion und davor, dass der schöne Abend danach vielleicht abrupt zu Ende ist.

Nur eine Brust?

25.848 Frauen wurde im Jahr 2012 die Brust entfernt (Statistisches Bundesamt, DRG Statistik 2014). Es ist kein Arm, es ist kein Bein, es ist »nur« eine Brust. Die Operation diente dazu, Leben zu retten. Die Auswirkungen auf das Selbstwertgefühl der Frau, auf die eigene weibliche Identität, auf das individuelle sexuelle Erleben, werden bei diesem ersten Schritt der Brustkrebsbehandlung kaum thematisiert. Nach der Operation jedoch bekommt das »*nur eine Brust*« für die meisten Frauen eine ganz andere Bedeutung:

Ich erinnere mich an einen Spaziergang, sieben Tage nachdem mir meine rechte Brust entfernt worden war. Ich sah keine Gesichter mehr, nahm Frauen nicht mehr als ganze Person wahr. Alles, was ich sehen konnte, waren Brüste: große und kleine, junge und alte, alle möglichen Formen, die die Natur hervorzubringen weiß. In diesem Moment wurde mir klar, dass ich weitaus mehr auf diesem OP-Tisch zurückgelassen hatte als nur etwas Drüsengewebe und eine Brustwarze. Meine Weiblichkeit war mir vorerst in diesem Operationssaal abhandengekommen.

50 Prozent der Frauen, die jünger sind als 40 Jahre, und 40 Prozent der 50- bis 69-Jährigen erfahren eine deutliche Einschränkung ihres Selbstwertgefühls und ihrer gelebten Sexualität nach einer Krebsdiagnose und den notwendigen Therapien (CAWAC-Studie, Kaufmann und Ernst 2000). Im Moment der Diagnose spielt dieses Thema für die Frauen nur eine untergeordnete Rolle. Spätestens nach dem Ende der Therapie, wenn sie im besten Fall als »geheilt« in ihr Leben entlassen werden, steht die Lebensqualität wieder im Vordergrund. Dazu gehört gelebte Sinnlichkeit, egal ob frau 25 oder 75 Jahre alt ist.

Weiblichkeit mit neuem Körper?

Weiblichkeit definieren die wenigsten Frauen ausschließlich über zwei gesunde Brüste. Und dennoch: Kaum eine Betroffene fühlt sich nach einer Brustoperation genau so attraktiv und begehrenswert wie vorher. Auch wenn Krebs kein Tabuthema mehr ist, dieser Aspekt wird selten beleuchtet. Die ganzheitliche Wahrnehmung der Patientin rückt heute zwar zunehmend in den Fokus der Schulmedizin, doch der dort genutzte medizinische Begriff »Körperbildveränderung« beschreibt nur unzureichend die große Verunsicherung oder den temporären Verlust der weiblichen Identität für viele Frauen. Er beschreibt nicht den komplizierten seelischen Übergang von körperlicher Unversehrtheit zu Versehrtheit. Er beschreibt auch nicht den individuellen Zeit-

raum, der gebraucht wird, um den *neuen* Körper zu akzeptieren.

Wenn ich mich meinen Sinnen wieder hingeben möchte, brauche ich Vertrauen – zunächst einmal in mich selbst und bei bestehender Beziehung auch in meinen Partner. Genau dieses Vertrauen ist nach einer Krebserkrankung oftmals nachhaltig erschüttert. Mein Körper hat niederschmetternde Phasen durchlebt, wurde durch Operationen und Bestrahlungen verändert. Noch Monate nach der Therapie gibt es intensive Erschöpfungszustände und emotionale Instabilität; der Verarbeitungsprozess ist in vollem Gange. Und jetzt soll ich auch noch versuchen, mich wieder als Frau wahrzunehmen?

Ja, genau in diesem Moment! Berühren und berührt zu werden kann zur inneren und äußeren Heilung beitragen. Dadurch kann das Vertrauen wieder entstehen, das so schmerzlich verloren wurde. Spielerische und liebevolle Berührungen sind wichtige Schritte auf dem Weg in eine neue Normalität.

Was wäre, wenn …

Was wäre, wenn wir in den dunklen, ängstlichen Momenten folgende Gedanken zulassen könnten:

Ich bin schön, so wie ich bin. Die Anzahl meiner Brüste, Brustwarzen, Eierstöcke, das, was nicht mehr da oder noch übrig geblieben ist von meinem Körper, ist genau richtig. Ich bin liebenswert, kann da sein für mich, meinen Partner, meine Kinder, die Familie, Freunde.

Habe ich Angst vor Zurückweisung, weil ich meinem eigenen körperlichen Ideal nicht mehr entspreche? Ja! Manchmal möchte ich weinen über diesen erlittenen Verlust. Ich werde Zeit brauchen, mich daran zu gewöhnen. Ich möchte deine Hände spüren. Vielleicht helfen sie mir dabei, mich neu wahrzunehmen. Ich weiß jedoch nicht, ob ich mich dir schon zeigen kann. Wenn ich deine Finger spüre, erinnern sie mich an das, was nicht mehr da ist.

Diese Unsicherheit, die Traurigkeit, die bei jeder Berührung in mir hochkommt, zerreißt mich. Es ist anstrengend, all das zu fühlen. Für dich ist es vielleicht ebenso schwer. Brauchst du auch Zeit, um mit meinem neuen Körper klarzukommen? Wie schön, dann sind wir schon zu zweit. Es ist nicht leicht, Worte dafür zu finden. Wir haben bisher nie über unser gemeinsames sinnliches Erleben gesprochen. Vielleicht liegt genau darin jetzt unsere Chance?

Ausatmen, sich Zeit geben. Können wir uns einfach nebeneinanderlegen? Unseren Atem spüren, Hände malen zärtliche Kreise auf unserer Haut. Über Berührung im Bereich der Veränderung möchte ich entscheiden. Vorsichtiges Herantasten; sehen, was passiert. Wenn Tränen kommen? Lasse ich sie fließen. Trauer braucht einen Raum, in dem sie sein darf, in dem sie real wird, um dann mit der Zeit davonzufliegen und der Gewöhnung an das Neue zu weichen.

Dies ist eine neue Zeitrechnung – für uns beide zusammen und für jeden einzeln. Wir können gestalten, verändern, an die Oberfläche holen. Tun wir das freiwillig? Sicherlich nicht. Hätten wir so weitergemacht wie vor dem Tumor? Wahrscheinlich. Ist es unbequem, das nicht mehr zu können? Manchmal. Haben wir die Möglichkeit, diese Situation zu nutzen? Ja, die haben wir – genau jetzt.

Jede Frau kann sich wie eine Frau fühlen, unabhängig von der Intaktheit ihrer Brüste und anderer weiblicher Organe. Dafür braucht es Zeit, Geduld und zunächst einmal nur den gedanklichen Versuch, sich selbst so anzunehmen, wie man ist.

Ich habe vielleicht eine Narbe mehr und eine Brust weniger. Doch die Frau in mir ist dadurch nicht verschwunden. Sie hat sich zwar verändert, doch ist sie genauso sinnlich, sensibel, lustvoll wie vor der Erkrankung. Vielleicht können wir uns so neu begegnen – leicht und neugierig: Als wir uns das erste Mal geküsst, uns das erste Mal begehrenswert gefühlt haben, sich die Nackenhaare aufstellten und die Gänsehaut nicht enden wollte.

Die Frau auf der Insel im Pazifik nimmt irgendwann ihren ganzen Mut zusammen und sagt dem jungen Mann, dass bei ihr etwas anders ist als bei anderen Frauen. Daraufhin verfällt er kurz in Panik, weil er glaubt, er sei an einen Mann geraten und habe es nicht bemerkt. Nachdem dieses Missverständnis unter großem Gelächter aus dem Weg geräumt ist, kann die junge Frau sich, vom Grunde ihres Herzens aus erleichtert, diesem wunderschönen Moment unter Palmen hingeben.

So unterschiedlich können Ängste sein und sich so unverhofft in nichts auflösen.

Kathrin Spielvogel ist Schauspielerin, Autorin, Referentin für Kommunikationsfragen in der Onkologie, Mitglied im Bundesvorstand der Frauenselbsthilfe nach Krebs e. V. 2010 veröffentlichte Sie den Dokumentarfilm »Ich will ja leben, oder?« (www.ichwilljaleben.de), der von ihrem Weg durch eine Brustkrebserkrankung handelt. Damit wurde sie für den Grimme-Preis nominiert und hält seitdem deutschlandweit Vorträge und Seminare, u. a. zu den Themen »Arzt und Patient – zwei Welten, ein Dialog«, »Krebs und Sexualität«, »Brustkrebs und was kommt dann?«.
E-Mail: k.spielvogel@frauenselbsthilfe.de
Website: www.kathrin-spielvogel.de

Literatur

Kaufmann, M., Ernst, B. (2000). CAWAC – Umfrage in Deutschland: Was Frauen mit Krebs erfahren, empfinden, wissen und vermissen. In: Deutsches Ärzteblatt, 97, 3.191–196.

Anmerkung

1 Zuerst erschienen in »perspektive – Magazin der Frauenselbsthilfe nach Krebs«, 2/2017, S. 8–10.

»Der Sieg des Lebens«
Robert Budzinski und sein nicht ganz herkömmlicher Totentanz

Ulrike Neurath

Der Tod kann als die ultimative Herausforderung des Lebens begriffen werden: Er stellt eine unausweichliche Gewissheit dar, entzieht sich jeglicher praktischer Erfahrbarkeit und der Zeitpunkt seines Eintreffens ist – glücklicherweise – nicht vorhersehbar. Der Tod ist somit ein höchst dubioses Phänomen, ein universales »Schreckgespenst«, das der Mensch schon früh zu besänftigen versuchte. Dies wird allein schon an den unterschiedlichsten Jenseitsanschauungen deutlich, die sich im Laufe der Menschheitsgeschichte herausgebildet und an denen sich kultische sowie religiöse Praktiken initiiert haben. Ein Beispiel dafür ist das Ritual der Bestattung, bei dem es um weit mehr als um die bloße Beseitigung eines Leichnams geht. Wie auch immer die spirituelle Deutung des Todes war und ist, grundsätzlich hat sie kompensatorische Funktion, ist Ausdruck des Abschieds, der Trauer, der Hoffnung wie auch des Trostes.

Knochenmann & Co – Todesbilder

Neben einer Vielzahl an *praktischen* Umgangsformen mit dem Tod hat die Auseinandersetzung mit ihm ein breites Spektrum an Todesbildern hinterlassen. Diese sind gleichsam Spiegel ihrer jeweiligen Zeit und Gesellschaft. Ein im christlichen Abendland geläufiges Todesbild ist das des personifizierten Todes in Gestalt eines »Knochenmanns« (Skelett) oder Totenschädels (zum Beispiel über gekreuztem Gebein). Solche Todesbilder verbreiteten sich mit zunehmender Christianisierung und gewannen ab dem Spätmittelalter an dogmatischer und didaktischer Relevanz. Auf Bildwerken oder als ikonografische Bestandteile mancherlei Alltagsgegenstände waren sie ihren Betrachtern mahnendes Memento mori (lateinisch: Bedenke, dass du sterben musst): Prägnant sollten sie ihnen die Begrenztheit irdischen Seins vor Augen halten und sie im Hinblick auf das höchste Christenziel – die Erlangung des ewigen Heils – zu einer gottgefälligen Lebensführung animieren.

Totentanz – Der Tod als Tänzer …

Bei der Beschäftigung mit Todesbildern vergangener Zeiten stößt man unweigerlich auch auf das Motiv des Totentanzes, das sich sogar zu einem ganz eigenen kunstgeschichtlichen Sujet herausgebildet hat. Hier zeigt sich der Tod von seiner buchstäblich unterhaltsamsten Seite. So trat er in spätmittelalterlicher Zeit häufig als Musikant in Erscheinung, der zum Tanz aufspielt und diesen jeweils mit den einzelnen Vertretern der dereinst geltenden Ständeordnung in einem Reigen vollführt. Ursprünglich war diese Motivkomposition also als mehrteilige Bilderfolge angelegt und trat vornehmlich als Monumentalmalerei im öffentlichen Raum in Erscheinung (etwa an Friedhofs- und Kirchenmauern). Mit der Erfindung des Buchdrucks fand sie dann Eingang in viele andere Erzähl- und Darstellungsformen, sodass das ursprünglich christlich motivierte Anliegen, den Menschen mit dem unausweichlichen Ende zu konfrontieren, eine neue publizistische Dynamik erhielt.

… und als Verführ(t)er

Spätestens mit Beginn der Moderne verändert sich das Motiv des Totentanzes deutlich. So spielt das Tanzmoment kaum noch eine Rolle und die Darstellungen, wie »Leben« und »Tod« aufeinander treffen, werden individueller. Die Totentänze – die Begrifflichkeit bleibt bestehen – zeichnen sich nun durch einen stärkeren Alltagsbezug aus oder präsentieren Szenarien, die von Sinnlichkeit bis hin zu größter Leidenschaft zeugen. Besonders eindrücklich zeigt sich dies im Motiv »Tod und Mädchen« und seiner Entwicklung. Bereits im 16. Jahrhundert hatten etliche Künstler begonnen, die Verknüpfung von Tod und Weiblichkeit als eigenes Thema aus den traditionellen Totentänzen zu extrahieren und immer wieder auch mit einer erotischen Komponente zu versehen. Als Rechtfertigung zogen sie »Eva und den Sündenfall« heran, um die dereinst herrschende Auffassung von der Wollust als einem weiblichen Laster biblisch zu untermauern. Kunstgeschichtlich ging die motivische Zusammenschau von »Tod und erotisierter Weiblichkeit« im Sujet von »Tod und Eros« auf. Eine typische Darstellungsvariante ist die galante und charmante Annäherung des Todes an eine nackte Schönheit: Er umgarnt die Schöne, die sich mitunter scheu gibt, sich seiner Nähe aber nicht entzieht – weil sie es schlichtweg nicht kann!

Manche Künstler haben das Aufeinandertreffen von »Leben« und »Tod« noch weiter zu stei-

»Der Sieg des Lebens«   25

gern gewusst. So gibt es Darstellungen, die beide im Geschlechtsakt vereint zeigen – zum Beispiel in der 1894 entstandenen Radierung »Das Mädchen und der Tod« von Edvard Munch (1863–1944) –, was dem Triumph des Todes eine gewisse Doppeldeutigkeit verleiht.

Verkehrte Welt: Der Tod als Verlierer

Doch es sind nicht nur solche Darstellungen, die die Blicke auf so besondere Weise auf sich lenken, indem sie den Betrachter in eine voyeuristische Rolle zwingen. Nicht weniger aufsehenerregend sind Motivadaptionen, die mit traditionellen Mustern brechen, etwa indem sie deren Kernaussage ad absurdum führen. Robert Budzinskis (1874–1955) Totentanz »Der Sieg des Lebens« (1924) ist dafür ein Beispiel par excellence. In dem aus acht Einzelholzschnitten bestehenden Bilderzyklus wird die Allmacht und Unausweichlichkeit des Todes nämlich negiert. Der Fokus liegt zwar auf dem klassischen Motivpaar von »Tod und Mädchen« als besagtem spezifischen Totentanzthema, doch nimmt die Begegnung der beiden Protagonisten eine höchst unklassische Wendung: Die Szenerie beginnt damit, dass sich der Tod als Musikant – er zeigt sich als Violinist – einer nackten jungen Frau nähert, die nachdenk-

Aus »Der Sieg des Lebens« (1924) von Robert Budzinski © Museum für Sepulkralkultur

Let's talk about Sex

lich im Gras sitzt. Bei ihr angekommen, greift er sie bei der Schulter, doch sie gibt sich abwehrend. Natürlich aber weiß der Tod, wie er die Schöne betören kann: Mit seiner Geige stimmt er ein Lied an, und tatsächlich animiert dies die junge Frau, sich in seine Arme zu begeben und schließlich mit ihm zu tanzen. Es scheint, als würde der Tanz zunehmend wilder, doch der Tod hat die Frau fest im Griff und wird gewiss – wie könnte es anders sein – Herr der Lage bleiben. Plötzlich aber wendet sich das Blatt. Der Tod verkennt die Energie und Willenskraft seiner Tanzpartnerin und kann nicht verhindern, dass es nicht er sein wird, der aus dem erotischen Stelldichein siegreich hervorgeht, sondern sie, das »nackte Leben«. So entfaltet der gemeinsame Tanz eine immer stärker werdende Eigendynamik, die den Tod schlussendlich zerstört. Von seiner Tanzpartnerin wird dieser geradezu zerpflückt, indem sie all seine Knochen nacheinander greift und hoch durch die Luft wirbeln lässt. Im letzten Bild hat es sich dann ausgetanzt: Der Tod liegt am Boden und seine Knochen bilden einen jämmerlichen Skeletthaufen. Auf diesem steht nun die Schöne, hat ihre Hände in die Hüften gestemmt und ihren Blick selbstzufrieden auf ihren zerstörten Tanzpartner gerichtet. Sie hat das Unmögliche vollbracht: den Sieg des Lebens errungen!

Krieg, Tod und Leid – ade!

Es ist nicht sicher, welche Gründe Budzinski konkret dazu bewogen haben, die eigentliche Kernaussage des Totentanzes ins Gegenteil zu verkehren. Nicht unwesentlich aber dürfte sein, dass er seine Bilderfolge in einer Zeit schuf, die noch immer unter dem Eindruck des Ersten Weltkriegs (1914–1918) und seiner Folgen stand. Viele der gemachten Erfahrungen und Erlebnisse waren noch nicht verwunden und suchten nach einem Ventil, das sich viele Künstler in Werken dazu schufen. So gab es zahlreiche Grafiker, Zeichner und Maler, die Krieg, Tod und Leid zu ihrem Thema machten und dies im Sujet des Totentanzes zum Ausdruck brachten. Viele taten dies bereits, als der Krieg noch wütete, zum Beispiel Alfred Kubin (1877–1959) mit »Die verlassene Stadt« (1916), viele andere erst einige Jahre später, wie Richard Flockenhaus (1876–1943) mit »Der Tod im Laufgraben« (1925).

»Der Sieg des Lebens« bricht hingegen mit jenen Kriegstotentänzen. Budzinskis Bilderfolge darf darum als eine Zäsur in der künstlerischen Beschäftigung und Auseinandersetzung mit dem gewaltsamen Tod jener Zeit gewertet werden. Die Zäsur besteht in ihrer inhaltlichen Vorwärtsgewandtheit, denn sie wirkt, als wolle mit ihr ein Schlussstrich gezogen werden: Elend, Tod und Leid haben in den Hintergrund zu treten, um dem buchstäblich prallen Leben, wie es durch die nackte Schöne versinnbildlicht wird, endlich wieder Platz zu machen. Die Neuinterpretation des Totentanzes mag nicht zuletzt Budzinskis besonderer Humor befördert haben, der mit einer gehörigen Portion Sarkasmus gespickt sein konnte. Doch auch wenn in Budzinskis Totentanz das Leben über den Tod siegt, täuscht er letztlich nicht darüber hinweg, dass der Tod ein ständig Lauernder ist und dass es im wahren Leben nur manchmal gelingt, ihm vorläufig von der Schippe zu springen.

Ulrike Neurath M. A. ist Kulturhistorikerin und Kustodin am Museum für Sepulkralkultur Kassel, das deutschlandweit einzige Museum, das sich ausschließlich mit dem Tod und den sogenannten Letzten Dingen beschäftigt.
E-Mail: neu-sip@sepulkralmuseum.de
Website: www.sepulkralmuseum.de

Literatur

Sörries, R. (2008). Die Liebe besiegt den Tod. In: Friedhof und Denkmal, 4.
Westermann-Angerhausen, H. (Hrsg.) (2006). Zum Sterben schön: Alter, Totentanz und Sterbekunst von 1500 bis heute. Regensburg.
Zentralinstitut und Museum für Sepulkralkultur (Hrsg.) (1998). Tanz der Toten – Todestanz. Der monumentale Totentanz im deutschsprachigen Raum. Kassel.

Sinnlich in dunkler Stunde
Eros, Leiderfahrungen und Spiritualität in Paarbeziehungen

Susanne Pointner

Annehmen der Wirklichkeit

In Zeiten, wo wir tiefes Leid erleben oder belastet sind, ist es oft schwierig für Paar, gemeinsam Sexualität zu leben. Manchmal ziehen sich beide Partner aus einer Kraft- oder Lustlosigkeit heraus zurück. Es kommt auch vor, dass ein Partner gerade in der schweren Zeit die körperliche Nähe besonders braucht und der andere sich dadurch bedrängt fühlt. Es entsteht ein Teufelskreis – die Überforderung bewirkt Libidoverlust, die Lustlosigkeit verstärkt das Gefühl des Versagens.

Trauern verbraucht Energie. Es ist ein aktiver Prozess. Oft ist dafür nicht genug Zeit, Raum und Stille. Dann wird aus dem unterdrückten Schmerz eine lähmende Bleidecke, die auch angenehme Gefühle wie Hoffnung, Inspiration, Freude, Lust blockiert. Trauer schließt Erotik und Lachen nicht aus. Die Depression lässt aber häufig jegliche Lebendigkeit versiegen (Längle 2003).

Manuela ist in letzter Zeit sehr belastet. Die schwere, unheilbare Erkrankung ihrer Schwester Lilli hängt als grauer Schatten über der ganzen Familie. Karl, ihr Mann, ist verständnisvoll und unterstützt sie, wo er kann. Gestern saß er aber – für ihn sehr ungewöhnlich – mit Tränen in den Augen neben ihr. »Ich vermisse dich so, die Gespräche, unser Lachen, die Zärtlichkeit. Ich weiß ja, wie schwer du es hast. Es ist nur so einsam in meinem Leben ohne dich.« Manuela ist tief betroffen. Sie ahnte wohl, dass Karl litt unter ihrem Rückzug nach innen, ihrer düsteren Stimmung und ihrem Mangel an Lebenslust, aber solch ein Schmerz – das war ihr nicht bewusst. Nur: Woher sollte sie die Kraft für Nähe oder Sexualität nehmen? Ohne Lust wollte sie mit Karl nicht zusammen sein, das passte auch für ihn nicht. Wenn nicht ein Wunder passierte, so konnte der Leidensweg ihrer Schwester noch länger dauern. Die Kinder waren erwachsen, und sie war da, wenn sie sie brauchten. Aber was passierte mit ihrer Ehe?

In der Paartherapie zeigt sich oft, dass Paare in schweren Zeiten die Verbindung verlieren und es ihnen nicht gelingt, nach der Überwindung der Krise wieder zusammenzufinden. Meist werden in belastenden Umständen unsere Schutzmuster aktiviert – wir ziehen uns zurück oder werden aktiver, als es uns und der Umgebung gut tut. Oder wir reagieren launenhaft und aggressiv oder wir erstarren. Wir zeigen uns in der Drachenhöhle nicht nur von unserer besten Seite. Damit ist eine Erschütterung der eigenen Identität und der Sichtweise auf den Partner verbunden, die ein Paar erst einmal verkraften muss. Dazu kommt, dass die Prüfungen auf der Heldenreise des Lebens uns verändern und wir uns nach jeder Herausforderung wieder neu finden müssen. Im Märchen »König Drosselbart« begegnet der Prinzessin ihr Gemahl zunächst als (verspotteter) Freier, dann als Spielmann, als Haudegen und als König an seinem Hof, in seiner Würde. Sie ist zunächst begehrte Prinzessin, dann lebensunfähige Verstoßene, Verkäuferin, Dienstmagd und schließlich Königin. Man kann sich ausmalen, welche Dehnungsschritte die beiden gehen müssen, um einander langsam zu entdecken und dabei kontinuierlich Beziehung, womöglich Sexualität miteinander zu leben.

28 Susanne Pointner

Meist sind wir eingebunden in vielfältige Bereiche, wo wir funktionieren müssen. Das ist in belasteten Lebensphasen schwer genug. Wenn ich kaum die Kraft finde, meinem Beruf nachzugehen, wie kann ich am Abend noch feuriger Liebhaber, hingebungsvolle Sirene sein? Viele Paare einigen sich unausgesprochen auf eine Verminderung oder Einstellung der sexuellen Begegnung. Das ohnehin schon leidvolle Dasein wird damit um eine wesentliche Ressource ärmer, das Leben noch karger. Stimmige und verantwortungsvoll gelebte Sexualität trägt viel bei zu einer erhöhten Resilienz. Sie stärkt unser Vertrauen ins Leben, unseren Selbstwert, unsere Empathiefähigkeit. Und sie hilft uns, über uns selbst hinauszuwachsen, weil sie Grenzen sprengt. Diese Qualität brauchen wir gerade in Krisen- und Veränderungszeiten. Es ist das Einwirken einer spirituellen Dimension, in der wir uns eingebettet fühlen in einen größeren Zusammenhang (vgl. Jellouschek 2011).

Quellen aufsuchen und wieder freilegen

Alfried Längle (2014) nennt vier »Grundmotivationen«, Motive, die alle Menschen im Grunde bewegen. Die erste Grundmotivation ist unser Bedürfnis nach Raum, Schutz und Halt. Die zweite betrifft unser Bedürfnis nach Nähe und Lebendigkeit. Die dritte Grundstrebung des Menschen richtet sich auf Autonomie, Gesehenwerden, Anerkennung, Gerechtigkeit. Die vierte Grundmotivation betrifft unser Sehnen, Teil eines großen Ganzen zu sein, eine Aufgabe zu machen, Sinn zu finden. Sie lässt uns staunen, dankbar sein, uns mit allem verbunden fühlen, über uns hinaus wachsen. Die von Viktor Frankl gegründete und von Alfried Längle und Mitarbeitern weiterentwickelte Therapie- und Beratungsform der Existenzanalyse fokussiert auf den »Willen zum Sinn« (Frankl 1985). Gerade in Lebenskrisen kann es dieser überkonfessionelle gedachte Zugang sein, der wieder die Tore des Lebens öffnet, wenn die anderen Bereiche blockiert oder belastet sind. Oft

Trauern verbraucht Energie. Es ist ein aktiver Prozess. Oft ist dafür nicht genug Zeit, Raum und Stille.

braucht es dazu aber Unterstützung – Freunde, Bücher, Naturerlebnisse, Musik, eventuell auch professionelle Hilfe. Paare neigen dazu, sich in belastenden Lebensumständen zu verstricken in unausgesprochenen Nachlässigkeiten und Kränkungen (Pointner 2016). Manchmal müssen diese erst wieder entflechtet werden.

Manuela und Karl holten sich professionelle Unterstützung von einer Psychotherapeutin. Manuela wagte vorsichtige Schritte aus dem Schneckenhaus, in das sie sich in ihrer Trauer verkrochen hatte. Karl tendierte dazu, sie schnell zu trösten, wenn sie aus dem Krankenhaus kam: »Wer weiß, das kann doch wie-

SimpleThingsHere / Shutterstock.com

statt sie zu unterstützen in ihrem Weg. Mit der besseren Beziehung zu sich reagierte Manuela auch weniger sensibel auf Annäherungsversuche von Karl. Er durfte seine Sehnsucht äußern – und sie musste nicht entsprechen. Das ermöglichte Manuela, auch ihm mehr Gehör zu schenken in seinem Leid und ihm zumindest so viel Zärtlichkeit zu geben, wie es ihr gerade möglich war. Es gab wieder einen zarten Wangenkuss, wenn er heimkam. Sie hielt seine Hand vor dem Einschlafen.

Sexualität ist ein komplexer Prozess. Die meisten sexuellen Blockaden haben nicht körperliche Ursachen, sie entstehen im Kopf beziehungsweise in den Emotionszentren im Bauch. Unsere Lust ist sehr individuell. Das beste Aphrodisiakum ist immer noch die Liebe – die geheimnisvolle, letztlich nicht erklärbare Anziehung zwischen zwei Personen, die einander wohl tun wollen und miteinander und durch einander Lebendigkeit und Lust spüren und erfahren wollen. Gerade im Teilen des Schmerzvollen können wir diese intensive Verbundenheit spüren. Menschen, die Notsituationen miteinander überstanden haben, fühlen sich oft wie in tiefer Blutsbrüderschaft vereint. Ein Freund, der über ein beschämendes Erlebnis erzählt, kann uns liebenswerter erscheinen, als wir ihn in fröhlichen Abendrunden je erlebt haben. Dazu ist es aber notwendig, dass wir selbst als Betroffene in innere Beziehung gehen mit dem Leid. Das ist oft schwierig – wir haben Angst vor dem Schmerz, der uns überwältigen könnte, wir schämen uns für die Verwundbarkeit, die damit einhergeht. Leid verändert uns – und es ist notwendig, dass wir uns dabei selbst an die Hand und in den Arm nehmen. Erst dann können der Partner/ die Partner wieder mit uns in Verbindung kommen (vgl. Schnarch 2006; Bösel 2010).

der werden, da gab es doch den Fall von …« Auf ihre Bitte hin lernte er, einfach still zuzuhören, am Ende das Gehörte zusammenzufassen und sie dann lang im Arm zu halten. Manuela durfte endlich weinen, und sie weinte viel.

Der nächste Schritt war die Arbeit an Manuelas inneren Ansprüchen und Schuldgefühlen. Sie hatte das Gefühl, mit der Schwester viel falsch gemacht und einiges versäumt zu haben. Es dauerte eine Weile, bis sie annehmen konnte, was nun einmal Wirklichkeit war. Sie begann, sich zu verstehen in ihrer Rolle als ältere Schwester, die früh viel getragen hatte und daher die Jüngere oft bevormundet hatte,

Manuela übernahm wieder mehr Verantwortung für ihre Selbstfürsorge und entwickelte langsam wieder einen besseren Körperbezug. Zusammen mit ihrer Schwester besuchte sie eine Ernährungsberaterin und interessierte sich für Alternativmedizin. Hier hatte die Schwester bereits ein fundiertes Wissen und konnte die Ältere unterstützen. Aus der »Betreuung« wurde ein gemeinsamer Weg – wenn auch mit unterschiedlichem Ziel. Lilli bereitete sich darauf vor, die Welt in einer Weise, die bei allem Schmerz auch noch gut war, zu verlassen. Manuela stand vor der Herausforderung, ins Leben zu finden – wie sie es bisher vielleicht noch nie zuvor in der Intensität erlebt hatte.

Manuela musste dazu auch an ihren biografisch bestimmten Glaubenssätzen arbeiten, etwa: »Es darf mir nur gut gehen, wenn es den anderen gut geht.« Sie merkte, dass sie bisher auf ihre eigenen sexuellen Impulse gar nicht geachtet hatte, sondern immer nur auf Karl reagiert hatte. Sie lernte nun, ihre Zustimmung zu geben zur eigenen Lebendigkeit – selbst wenn Karl müde war, selbst wenn die Kinder Probleme hatten, selbst wenn die Schwester schlechte Blutwerte hatte.

Stimmige und verantwortungsvoll gelebte Sexualität trägt viel bei zu einer erhöhten Resilienz. Sie stärkt unser Vertrauen ins Leben, unseren Selbstwert, unsere Empathiefähigkeit.

Entschieden und gelassen neue Wege suchen

Krisen verändern unseren Blick auf bisherige Werte und Haltungen. Manuela hatte bisher viel Zufriedenheit daraus bezogen, sich um andere zu kümmern. Nun hatte sie aus ihrer spontanen Sicht heraus »versagt«, sie konnte die Schwester nicht retten. Sie musste erkennen, dass es nun um einen anderen Wert ging, als um das »Beschützen«. Die Schwester und das Leben lehrten sie das Zulassen, Annehmen, Sich-versorgen-Lassen in der Ohnmacht. Damit entwickelte Manuela letztlich eine neue Hingabefähigkeit, die sich nach der Krise auch auf ihre Sexualität auswirkte. Sie konnte nicht zurück zur alten erotischen Entfaltung. Wenn sie nicht steckenbleiben wollte, musste sie eine neue, vielfältigere, tiefere Form ihrer weiblichen Sinnlichkeit finden, verbunden mit einer veränderten Grundhaltung zum Leben insgesamt.

Karl arbeitete an der internalisierten Botschaft: »Du darfst nicht fordern.« Er hatte gelernt, die belastete Mutter zu entlasten, und sehnte sich zwar nach Nähe, hatte aber unbewusst eine Hemmung, sich seiner leidenden Frau zu nähern.

Karl hatte aus Angst vor Zurückweisung, aber auch weil er selbst im Grunde belastet war und insgeheim Angst hatte, nicht seinen Mann stehen zu können, jegliche Initiative zur Sexualität eingestellt. Es wurde klar vereinbart, dass Karl, wenn er Lust verspürte, diesen Impuls begrüßen und zum Ausdruck bringen konnte – allerdings ohne eine Reaktion einzufordern. Manuela meldete ihm zurück, wenn sein Impuls bei ihr positive Reaktionen auslöste: »Du hast mir heute Morgen im Bad gesagt, dass du mich begehrst. Das hat mir gut getan, ich habe kurz ein Prickeln auf meinem Rücken gespürt.« Karl hinterfragte seinen im Elternhaus entwickelten Bezug zur eigenen Sinnlichkeit. Selbstbefriedigung: ja (heimlich) – aber ein duftendes Bad: War das nicht nur etwas für Frauen? Das war für Manuela interessant und anregend, sie lernte neue Seiten an ihm kennen, und nun war sie diejenige, die die Führung übernahm. Sie las ihm Romanstellen vor, die sie erotisch fand, und er stellte fest, dass sie ihn mehr anregten als so mancher Pornofilm.

In dem Märchen »Die Schöne und das Biest« ist der Prinz in seiner Verzauberung, der Kälte seines Palastes, dem Fluch seiner Schuldhaftigkeit erstarrt. Erst durch das – zunächst von ihm verhinderte – Entdecken seiner Verletzbarkeit, der Rose, durch Belle und ihre Treue zu ihm, auch in der verwunschenen Gestalt, kann er erlöst werden. Die Herausforderung in leidvollen Phasen besteht darin, unser Innerstes und Eigenstes zu bewahren und zu versorgen und gleichzeitig doch dem Gegenüber zu öffnen, damit es sich auch selbst öffnen kann – um es aufzuschließen, damit es von seiner »verwunschenen« Gestalt lassen und sich (wieder) in seiner wahren Gestalt zeigen kann. Es ist die Schutzlosigkeit, die gerade unsere Zärtlichkeit weckt. Wo ich mein wahres Selbst entdecke und wo es in liebevoller Berührung entdeckt wird, wird die Schutzmauer entbehrlich, ja überflüssig. Das Verwundete löst Achtsamkeit, Zuwendung, Zärtlichkeit aus. Konkret heißt das in der Beziehung: den Weg zu einem Verständnis für den inneren Schmerz, die Angst, vielleicht auch Wut eröffnen – für sich selbst und für den Partner; zu einem Begreifen, Befühlen und Verstehen des (möglicherweise blockierten) Entwicklungsweges.

Sich beschenken lassen

Den Durchbruch ermöglichte ein Gespräch mit dem Krankenhausseelsorger bei Lillis Geburtstag. Er sprach vom Leben bis zuletzt und dass es gerade angesichts unserer Sterblichkeit legitim und wichtig war, die Feste des Lebens zu feiern. Manuela und Karl machten danach einen langen Spaziergang, aßen dann zusammen und nahmen sich, wie in letzter Zeit öfter, Zeit zum Kuscheln. Die besondere Atmosphä-

das Paar durch diesen Transformationsprozess geht, wie es Lebendigkeit gerade in dieser leidvollen Zeit erhält und erweitert, wird Teil seines Heldenweges und der Lebensaufgabe.

Ausbildung in Existenzanalytischer Psychotherapie und Lebensberatung bietet die Gesellschaft für Logotherapie und Existenzanalyse Schweiz an (www.existenzanalyse.ch). Vertiefte Auseinandersetzung mit dem Thema Liebe in Krisenzeiten vor dem Hintergrund der Existenzanalyse und der Imago-Paartherapie finden Sie im Buch »Adam, wo bist du? Eva, was tust du?«.

re der tiefen Begegnung am Nachmittag klang noch nach, und aus der besinnlichen Stimmung entsprang ein sinnlicher Funke. Es ging nicht mehr um Funktionieren, Erregung oder Orgasmus. Es ging um das Teilen des Wunders des Lebens und der personalen Begegnung, die irgendwie innerhalb und jenseits der physikalischen Gesetze lag. Es ging um die Liebe.

Paare begegnen einander nicht nur, weil ihr Riechhirn sie als optimale Genkombination zusammenführt. Paare suchen Begegnung auf der geistig-personalen Ebene, auch und gerade in der sexuellen Vereinigung. Fluch oder Segen, die ein Paar in die Welt bringt, potenzieren sich durch die vereinten Kräfte. Wir wollen fruchtbar werden im umfassenden Sinn. Wir wollen gemeinsam Wertvolles in die Welt tragen. Dazu gehören nicht nur das Funktionieren, das Schaffen und Erhalten der gemeinsamen Welt, sondern auch das beiderseitige Herausführen aus der Verwundenheit, das Verändern von unfreien Mustern, die vielfach schon über Generationen zur Familientradition gehören. Sexualität kann hier zur magischen Gabe werden. Die Art und Weise, wie

Mag. **Susanne Pointner** ist Psychologin, Lebens- und Sozialberaterin, Psychotherapeutin (Existenzanalyse) sowie Ausbildnerin für Psychotherapie und Lebensberatung. Sie leitet das Wiener Institut der Gesellschaft für Logotherapie und Existenzanalyse und die Weiterbildung Existenzanalytische Paartherapie. Sie ist Präsidentin von Imago Austria (Paartherapie und Single Coaching) und unterrichtet an der Sigmund-Freud-Universität Wien.

E-Mail: Praxis@susanne-pointner.at
Website: www.susanne-pointner.at

Literatur

Bösel, S.; Bösel, R. (2010). Leih mir dein Ohr, und ich schenk dir mein Herz. Wege zu einer glücklichen Liebesbeziehung. Wien.
Frankl, V. E. (1985). Der Mensch vor der Frage nach dem Sinn. München.
Jellouschek, H. (2011). Erotische Erfahrungen und Spiritualität. In: Jellouschek, H. (Hrsg.), Von der Liebe ergriffen. Paare und Spiritualität. Hünfelden.
Längle, A. (Hrsg.) (2003). Emotion und Existenz. Wien.
Längle, A. (2014). Lehrbuch zur Existenzanalyse: Grundlagen. Wien.
Pointner, S. (2016). Adam, wo bist du? Eva, was tust du? Über die Befreiung aus Abhängigkeit und Isolation in Paarbeziehungen. Wien.
Riedel, I. (2011). Einander »erlösen« – wie im Märchen? In: Jellouschek, H. (Hrsg.), Von der Liebe ergriffen. Paare und Spiritualität. Hünfelden.
Schnarch, D. (2006). Die Psychologie sexueller Leidenschaft. Stuttgart.

Sexualität und Demenz

Gunvor Sramek

Das Thema Sexualität begleitet uns Menschen von der Geburt bis zum letzten Atemzug. Wir sind alle sexuelle Wesen; Sexualität gehört zum Menschsein so wie das Atmen oder der Pulsschlag. Allerdings ist die Art und Weise, wie Sexualität erlebt wird, und welchen Stellenwert die Sexualität zu einem bestimmten Zeitpunkt hat, sehr unterschiedlich. Wir durchleben viele Entwicklungsstufen. Für Sexualität gibt es aber kein Ablaufdatum.

Im Rahmen der vielen Vorträge, Schulungen und Validationsausbildungen, die ich in den letzten 25 Jahren halten durfte, bin ich mehr und mehr zu der Überzeugung gekommen, dass Sexualität so gut wie immer eine Rolle spielt und so auch am Ende des Lebens. Deshalb ist es sehr wichtig für Altenbetreuer/-innen, sich mit diesem Thema auseinanderzusetzen. Das gilt sowohl für professionelle Betreuer/-innen wie für pflegende Angehörige. Kursteilnehmer/-innen berichten laufend darüber, in welcher Weise alte, desorientierte Menschen ihre individuellen Bedürfnisse ausdrücken. Das kann sowohl mit Freude und Glücksgefühlen verbunden sein als auch mit Ängsten, Tabus, Leid und vor allem mit Schuldgefühlen. Traumatische Erlebnisse in diesem Bereich dauern meistens bis zum Tod. Doch gleichzeitig haben die meisten hochbetagten Menschen eine tiefe Sehnsucht nach großer Nähe, Berührung, Zugehörigkeit und Geborgenheit wie bei einer ganz früh erlebten engen Mutter-Kind-Beziehung.

Sexualität im hohen Alter

Sexualität im hohen Alter zeigt sich durch viele unterschiedliche Verhaltensweisen. Dies kann zunächst unauffällig sein oder sich durch ver-

> **Validation** (von englisch »validate« = für gültig erklären) ist eine Methode und wertschätzende Haltung im Umgang mit Menschen mit Demenz, die von der amerikanischen Sozialarbeiterin Naomi Feil entwickelt wurde.

schämte, verschlüsselte Aussagen, diffuse Andeutungen und versteckte Handlungen zeigen. Es kann aber auch zu einem sehr auffälligen Verhalten mit direkten Botschaften, unkontrollierten Aussagen, »enthemmten« Handlungen und eindeutigen, nonverbalen Gesten kommen. Altenbetreuer/-innen lernen mit der Zeit eine riesige Palette von unerledigten Angelegenheiten in diesem heiklen Bereich kennen. Für den alten Menschen ist es wichtig, dass ihre Betreuer/-innen sich nicht vor solchen Themen drücken und keine Scheu haben, mit derlei Gefühlen und Bedürfnissen umzugehen. Dazu braucht man viel praktische Erfahrung, eine gute Schulung und Ansprechpersonen für den Austausch. Erlebnisse, die für den alten Menschen in diesem Bereich nicht abgeschlossen werden konnten, müssen jetzt thematisiert werden, sonst ist es zu spät. Das spüren die alten Menschen instinktiv.

Zum Beispiel sagte eine sehr alte, desorientierte Frau zu ihrer Betreuerin: »Ich *muss* das jetzt alles sagen – wann denn sonst?« Es hat sich herausgestellt, dass sie in der Kriegszeit mehrere Abtreibungen durchgemacht hatte. Jahrzehnte lang hatte sie darunter gelitten, dass sie ihre Schicksalsschläge und Schuldgefühle niemandem anvertrauen konnte.

Es gibt eine unendlich lange Reihe von Beispielen für einschneidende bzw. tabuisierte Themen: Eine brustamputierte Frau kann jetzt erst offen über diesen Verlust und die Folgen sprechen, die es für sie und ihre Partnerschaft damals hatte.

Eine vom eigenen Vater in der frühen Kindheit missbrauchte, demenzkranke sehr alte Frau kann kurz vor ihrem Tod endlich ihre traumatischen Gefühle mit jemandem teilen. Sie wird angehört, stimmlich gespiegelt, sanft berührt und gehalten. Ihr andauerndes Wimmern hat daraufhin gestoppt; sie hat die Augen geöffnet und hat ganz zart gelächelt.

Ein demenzkranker alter Mann, ein ehemaliges »Muttersöhnchen«, kann seine lebenslange Sehnsucht nach Unabhängigkeit und nach einer weiblichen Partnerin jetzt offen besprechen. Er kann sein Bedürfnis frei ausdrücken und bekommt regelmäßig Unterstützung in einer wöchentlichen Damen-Validationsrunde.

Eine alte, alleinstehende Mutter kann jetzt endlich ihre Wut und ihre Verzweiflung über ihren untreuen Ehemann zum Ausdruck bringen. Er hatte sie schon in den ersten Jahren ihrer Ehe mehrmals betrogen. Daraufhin hat sie ihn kurz nach der Geburt ihrer zweiten Tochter verlassen. Sie ist damals im Dorf gemieden worden und fühlte sich schrecklich einsam. Diese alte Frau sagt jetzt wiederholt mit großer Verzweiflung: »Ich habe lauter Löcher in meinen Unterhosen; ich *muss* die Löcher stopfen.« Die symbolische Aussage mit den zerstörten Unterhosen steht für ihre zerstörte Weiblichkeit. Ihre Position als begehrenswerte junge, verheiratete Ehefrau wurde kaputt gemacht. Sowohl ihr Sexualleben wie auch ihr Status als Bäuerin wurden damals ruiniert. In den Augen der katholischen Dorfgemeinde hatte eine Frau kein Recht, sich scheiden zu lassen. Das war damals unerhört! Alle bisherigen Versuche der erwachsenen Töchter, ihr die vielen, intakten Unterhosen aus dem Schrank zu zeigen waren erfolglos. Erst nach einem ausführlichen Beratungsgespräch mit der einen Tochter konnte diese alte Frau mit Empathie, Verständnis und viel Anerkennung wirklich hilfreich begleitet werden. Die Situation hat sich in wenigen Wochen entspannt und zum Positiven gewendet. Die Unterhosen waren kein Thema mehr.

Validation

Die oben genannten Beispiele stammen von alten Menschen, die ein Leben lang ihre Sorgen unter den Teppich gekehrt haben. Belastende Dinge müssen aber rechtzeitig »raus«; man muss damit rechnen, dass sie nicht von selbst verschwinden. Aber oft werden solche Dinge aus Scham verdrängt und liegen jahrzehntelang im Unterbewusstsein. Wie ein »schwelendes Feuer« warten sie auf einen Moment am Ende des Lebens, wo der innere Druck ansteigt und die Kraft abnimmt, alles unter Kontrolle zu haben. Jetzt müssen diese Dinge unbedingt zum Vorschein kommen. Das Feuer ist nicht schwelend, jetzt brennt es. Der alte Mensch braucht hier einen wirklich guten Zuhörer, um diese Angelegenheiten loszulassen und in Frieden sterben zu können.

Wenn es sich um einen demenziellen Abbauprozess handelt, kommt irgendwann ein Zeitpunkt, wo es für eine herkömmliche Therapie zu spät ist. Die notwendige Flexibilität, die Fähigkeit zur Einsicht, die allgemeine Merkfähigkeit, das Kurzzeitgedächtnis und vor allem das kognitive Denkvermögen des alten Menschen gehen langsam verloren. Validation in einer guten Qualität ist hier meistens hilfreich. Das gilt natürlich auch für Themen im sexuellen Bereich. Für die Menschen im Umfeld beginnt eine schwere Zeit. Durch die Veränderungen und Verluste verlieren viele Reaktionsmuster ihre gewohnte Gültigkeit. Alles wird unberechenbar. Es entstehen Ratlosigkeit und Frustration. Hier sind wir alle aufgefor-

Wie ein »schwelendes Feuer« warten sie auf einen Moment am Ende des Lebens, wo der innere Druck ansteigt und die Kraft abnimmt, alles unter Kontrolle zu haben. Jetzt müssen diese Dinge unbedingt zum Vorschein kommen.

dert mitzuhelfen und dieses Thema nicht wegzuschieben; außerdem wir können nicht wissen, ob wir nicht selbst einmal zu dieser Zielgruppe gehören werden. Jeder vierte Mensch erkrankt irgendwann an einer Demenz. Der Verlauf ist unterschiedlich und beginnt oft schleichend. Im folgenden Text wird versucht, das Thema Sexualität im Zusammenhang mit einem Demenzverlauf vom Beginn bis zum Ende nachzuvollziehen.

Die Situation zu Beginn einer Demenz

Besonderes zu Beginn einer demenziellen Veränderung gibt es oft extrem viel Leid, Aggression und Verzweiflung. Das trifft sowohl für die alte Person wie für ihr Umfeld zu. Niemand will wahrhaben, dass der alte Mensch sich schon so stark verändert hat. Das gilt natürlich besonders für die allernächsten Angehörigen.

Arturo Martini, The convalescent, 1932 / Bridgeman Images

Eine alte Frau wohnte gemeinsam mit ihrem Sohn und ihrer Schwiegertochter in einem großen Haus. Die alte Frau war schon länger verwitwet und hat sich jetzt zunehmend als Partnerin ihres eigenen Sohnes gesehen. Sie hatte schon lange das Bedürfnis, als begehrenswerte Frau wahrgenommen zu werden. Der Sohn hat ihr Verhalten aber nicht ernst genommen oder er wollte es nicht sehen. Das Bad und das Schlafzimmer konnten damals nicht abgesperrt werden. Die alte Frau hat ihren Sohn immer wieder beim Duschen und auch manchmal im Schlafzimmer besucht. Dabei war sie nur mit einem dünnen Unterkleid bekleidet. So oft sie konnte, hat die alte Frau ihre Schwiegertochter auf das gröbste als »Hure« beschimpft: »Was *willst du* hier?« Es war kaum zu ertragen. Zum Schluss hat es die Schwiegertochter nicht mehr im oberen Stockwerk ausgehalten. Monatelang schon hatte sie auf einem Notbett im Keller geschlafen.

Erst nach einer ausgiebigen Beratung und mehreren Einzelgesprächen hat es die Familie gemeinsam geschafft, einen neuen Weg zu gehen. Die Schwiegermutter kam in ein Tageszentrum, wo es einige nette Herren gab und auch ab und zu Seniorentanz veranstaltet wurde. Sie hat sich dort sehr wohlgefühlt und war eine beliebte Tänzerin. Der Sohn wurde von seiner ältesten Tochter so aufgeklärt, dass er wirklich verstanden hat, was sich hier abspielt. Die wichtigsten Türen im oberen Stockwerk (Bad, Schlafzimmer) bekamen daraufhin Schlösser oder Riegel. Die Schwiegertochter (Ehefrau) konnte jetzt endlich zurück in das gemeinsame Schlafzimmer übersiedeln. Sie hat mit mir geübt, wie man auf wüste Beschimpfungen und verbale Attacken reagiert. In der Übungssituation ist ihr das erstaunlich gut gelungen, aber es braucht später viel Mut, das Gelernte umzusetzen! Dieses Können hat ihr aber sehr geholfen und hat ihr die Angst vor neuen Schimpfattacken genommen.

Validation ist hier das beste Hilfsmittel. Einfach ausgedrückt, passiert in solchen Beispielen Folgendes: Der oder die Angehörige lernt, mit der alten Person in deren Körperspannung, Stimmlage, Tempo und Emotion ernsthaft »mitzuschimpfen«. Das ist viel sinnvoller und hilfreicher, als sich gegenseitig zu beschimpfen. Nach einigen Wiederholungen und Umformulierungen stellt man ganz kurze, gezielte Fragen, die dem alten Menschen helfen, seine Gefühle und Bedürfnisse besser auszudrücken. Wenn dieser Vorgang öfter wiederholt wird, nimmt der innere Druck bei der alten Person ab und die Beschimpfungen werden immer seltener oder sie verschwinden ganz.

Diese Art der Begleitung funktioniert auch dann, wenn man selbst der »Störfaktor« ist! Es funktioniert deshalb so gut, weil es sich hier um eine alte Person handelt, bei der die Gefühlsebene im Vordergrund steht und die kognitiven Fähigkeiten schon deutlich am Abnehmen sind. Bei jüngeren, voll orientierten Menschen wäre diese Vorgangsweise selbstverständlich nicht zielführend. Bei voll orientierten Menschen benutzt man andere Methoden, die auf Fähigkeiten basieren wie zum Beispiel eine gewisse Flexibilität und die Fähigkeit zur Einsicht. In der Validation ist das anders: Der Betreuer »wechselt die Straßenseite«, begegnet den alten Menschen respektvoll auf gleicher Augenhöhe, man agiert auf seiner Gefühlsebene und diskutiert nicht über Inhalte. Es werden überhaupt keine raschen Lösungen angeboten oder Stellungnahmen abgegeben, sondern man hilft dem alten Menschen, in seinem eigenen Tempo die Dinge klarer zu sehen, und sucht anschließend gemeinsam nach einem Weg, wie es jetzt weitergehen könnte.

Die meisten Menschen sind in der Begleitung überfordert, wenn es um sexuelle Themen geht. Wenn ein Anliegen oder ein Bedürfnis im sexuellen Bereich vorliegt, reagiert der alte Mensch unkontrolliert. Das gilt sowohl in der Zeit, kurz bevor wie auch unmittelbar nachdem eine Demenzdiagnose gestellt wurde. Dabei wirkt der alte Mensch im Alltag meistens noch orientiert. Man denkt sich vielleicht: »Warum benimmt sich dieser alte Mensch auf einmal so komisch? Er ist doch sonst in Ordnung und kennt sich meistens ganz gut aus?« Aber der alte Mensch holt sich das, was er braucht, auf seine Weise. Er versucht etwas nachzuholen oder auszuleben, was das Leben ihm vorenthalten hat. Die Art und Weise, wie er es tut, ist aber oft nicht akzeptabel und kann sehr verletzend sein. Wenn hier nicht Abhilfe geschaffen wird, entsteht viel Leid.

Sexualität darf kein Tabuthema sein

Eine ganz spezielle Situation zum Thema Sexualität im Alter ergibt sich, wenn ein Ehepartner an einer Demenz erkrankt. Bei manchen Paaren kann ein liebevolles, vertrautes Zusammenleben trotzdem sehr lange Zeit gut weitergehen; man ist miteinander eng verbunden und die Gefühle füreinander sind trotz der Veränderungen da. Aber andere Paare zerbrechen an den Veränderungen. Für den gesunden Partner entsteht oft eine widersprüchliche Situation: Einerseits möchte er, dass es dem Anderen gut geht, andererseits kann der gesunde Partner jetzt nicht mehr seine sexuellen Bedürfnisse und Wünsche mit der veränderten Person teilen. Es ist eine aussichtslose Situation, in der es kein Zurück gibt. Nach und nach geht alles verloren: Intimitäten, Berührungen und das gewohnte Muster eines einfühlsamen Miteinanders. Beide vereinsamen. Die Vertrautheit leidet und es entsteht Entfremdung. Der gesunde und der erkrankte Partner schlafen schon längst in getrennten Räumen.

Hier stellt sich die Frage, ob es legitim ist, dass sich der gesunde Partner einen neuen Menschen sucht, um seine Sexualität ausleben zu können. Dafür gibt es keine allgemein gültige Antwort, denn das muss der gesunde Mensch ganz allein für sich entscheiden. Aber oft entstehen dabei Schuldgefühle. Manchmal kann ein wertfreies Beratungsgespräch helfen, damit eine brauchbare Lösung gefunden werden kann. Niemand hat das Recht, hier zu urteilen. Wir müssen aber auch an die Situation des erkrankten Partners denken. Ihm steht es genauso zu, in seinen Bedürfnissen ernst genommen zu werden. Hierfür gibt es eine ganze Reihe von Möglichkeiten. Sexualität darf nie ein Tabuthema sein.

Die Situation bei einer fortgeschrittenen Demenz

Bei einer deutlich fortgeschrittenen Demenz ergibt sich wieder eine neue Situation. Der alte Mensch kann sich zwar noch über die Sprache ausdrücken, aber die sachlichen Inhalte springen ganz rasch hin und her und es »kippt« immer wieder. Die eigenen Lebenszeiten werden nicht chronologisch hintereinander erlebt. Früher und Jetzt vermischen sich. Der alte Mensch lebt und reagiert in dieser Phase hauptsächlich auf der Gefühls- und Bedürfnisebene. Wir dürfen aber nicht vergessen, dass sich die Intuition dieser alten Menschen meistens verbessert. Ein desorientierter Mensch spürt ganz genau, welcher Betreuer ihn anhört und ernst nimmt und wer nur ein freundliches Gesicht aufsetzt und so tut als ob. Die alten Menschen verlieren nach und nach die Hemmungen – der Kontrollstöpsel ist weg! Jetzt ist der Zeitpunkt gekommen, an dem alle belastenden Dinge im sexuellen Bereich ohne Umschweife und ohne Scham an den Tag kommen können. Aber es kommt häufig vor, dass die Menschen in der nächsten Umgebung überhaupt nicht damit umgehen können.

Die Situation bei einer stark fortgeschrittenen Demenz

Zu einem noch späteren Zeitpunkt kommt es vor, dass ein stark desorientierter Mensch sich nur mehr nonverbal oder durch einzelne Silben und Laute ausdrücken kann. Hier braucht es eine besonders einfühlsame Begleitung auf einer »erwachsenen Ebene« auf gleicher Augenhöhe. Es ist sehr wichtig den alten Menschen *nicht* zu bedauern oder zu bemitleiden. Es geht einzig und allein darum, den Kummer dieser alten Person mitzutragen und dadurch ein wenig Erleichterung und eine positive Wende zu ermöglichen. Leid mit jemanden zu teilen hat eine ganz andere Qualität, als jemanden zu bemitleiden. Leid teilen geht aber auch dann, wenn wir die genauen Ursachen für den Kummer gar nicht kennen! Man kann leise fragen: »Ist es sehr schlimm – hm?« Oder: »So etwas kann man nicht vergessen – nie vergessen!« Man beobachtet den Atemrhythmus und passt sich an. Und bei einer kleinen Entspannung kann man sagen: »Vielleicht ist es jetzt etwas besser?« Der alte Mensch braucht jetzt sehr viel Nähe, Halt und zwischendurch eine individuell angepasste, ruhige, anteilnehmende Berührung. Besonders geeignet ist hier der obere Körperbereich wie Schultern, Hinterkopf, Nacken oder seitlich an der Wange. Dieser alte Mensch kann uns nicht mehr zuordnen; wir können nie wissen, wer wir in diesem Moment für ihn sind, das ist auch gar nicht mehr wichtig. Es geht hier ausschließlich um eine echte Anteilnahme. Eine solche Begleitung ist sinnvoll bis zum letzten Atemzug, auch dann, wenn der alte Mensch keine Signale mehr von sich gibt.

Jeder Mensch sehnt sich danach, nicht ganz allein gelassen zu werden.

Gunvor Sramek ist autorisierte Validationslehrerin und Master nach Naomi Feil, Autorin. Sie hat eine sexualpädagogische Ausbildung für den Behindertenbereich.
E-Mail: gunvor.sramek@gmail.com

Heime und Institutionen müssen Tabuarbeit leisten

Regula Eugster

Sexualität im Alter ist ein gesellschaftliches Tabu, das sich auch in professionellen Pflegeinstitutionen widerspiegelt. Das Tabu bildet den Nährboden für Herausforderungen im Pflegealltag. Diese Herausforderungen können sich verschiedenartig zeigen: Es kann zu sexuellen Übergriffen an Pflegenden und Betreuenden kommen. Diese entwickeln mit der Zeit Aggressionen gegenüber Bewohnerinnen und Bewohnern. Die Teamkultur kann darunter leiden, wenn keine Strategien vorhanden sind, die anzugehenden Probleme zu lösen. Die Auswirkungen können Frustrationen im Arbeitsalltag sein. Durch eine gezielte, prozessorientierte Schulung oder Beratung kann man sich der Problematik annähern und das Thema enttabuisieren. Eine gemeinsame Basis ist wichtig, damit professioneller Umgang mit Sexualität im Betreuungsalltag gelingt.

Wenn wir in den Heimen und Institutionen professionell und bedürfnisgerecht mit dem Thema »Sexualität« umgehen wollen, müssen wir uns zuerst der eigenen Werte und Normen bezüglich der Sexualität bewusst werden. Dieser Prozess soll kreativ und behutsam gestaltet werden, damit jede Person die eigenen Grenzen wahren kann. Durch dieses Reflektieren wird bewusster, dass wir sexuelle Wesen mit unseren eigenen Prägungen sind. Die persönliche Grenze wird erlebbar. In Betreuung und Pflege ist es jedoch wichtig, die eigenen Werte von denen der Bewohnerinnen und Bewohner zu trennen. Eine Grenze ziehen müssen wir auch in der Beziehung zwischen Pflegenden und den Heimbewohnerinnen und -bewohnern. Es gilt, sich gegen Übergriffe zu schützen, gleichzeitig aber auch die Bedürfnisse der Bewohner zu erkennen. Meine Erfahrung zeigt: Abgrenzung ohne Empathie für die Bedürfnisse der Bewohnerinnen und der Bewohner sowie unklar gesetzte Grenzen machen tragfähige Lösungen unmöglich.

Verhandeln, wie Sexualität gelebt wird

Eine professionelle Haltung basiert auf einer Verhandlungsmoral. Diese wiederum basiert auf der Voraussetzung, dass es okay ist, wenn zwei Menschen miteinander definieren, wie Sexualität gelebt werden soll. Die Verhandlungsmoral ist ethisch nur korrekt, wenn die Partner gleich stark sind und in keiner Weise ökonomisch, emotional oder sonst wie erpressbar sind. Wenn jedoch ein Abhängigkeitsverhältnis besteht (Therapeut/Klient, Pflegende/Patient, dementer Mensch/nichtdementer Mensch), ist eine Verhandlungsmoral nicht umsetzbar. Dann braucht der betreute Mensch Schutz von den Pflegenden. Es braucht Einfühlungsvermögen und einen professionellen Umgang mit sexuellen Bedürfnissen im Betreuungsalltag. Sonst kommt es zu Angst, Verletzungen, Ekel, Aggressionen und Unsicherheit.

Beispiele

Ein Bewohner stöhnt während der Intimpflege. Er bittet die Pflegende, weiter zu reiben, weil es so schön ist. Der Pflegenden platzt der Kragen. Sie beschimpft den Bewohner und verlässt wutentbrannt das Zimmer. Was ist passiert? Beim Bewohner ist das Bedürfnis nach Sexualität vorhanden. Dieses findet aber den Ausdruck in einem Übergriff auf die Pflegende. Die Pflegende fühlt sich verletzt und gedemütigt. Sie grenzt sich auf-

grund ihrer Ohnmacht radikal ab. Wie soll man hier agieren und reagieren?

Fragen und Bemerkungen, die Pflegende im konkreten Betreuungsalltag immer wieder zu hören bekommen:

- »Schwester, können Sie unten noch mehr reiben bei der Intimpflege, das wäre sehr schön!«
- »Schwester, sind Sie verheiratet und haben Sie viel Sex?«
- »Schwester, ich möchte nur den Pfleger Soundso für die Ganzkörperwäsche. Er ist so attraktiv.«

Solche Bemerkungen sind verbale Übergriffe, die das Personal in ihrer Integrität verletzen und demütigen. Der Konflikt, aus der professionellen Rolle und der inneren Betroffenheit heraus angepasst zu reagieren, ist eine Überforderung.

Sicht der Betreuenden

Helfende Berufe bringen es mit sich, dass viel Empathie und Idealismus gefordert wird. Anderen Menschen zu helfen schenkt Sinnhaftigkeit. Wenn Betreuende Menschen mit Grenzverletzungen im sexuellen Bereich konfrontiert werden, sind sie oft geschockt, verstört und fühlen sich verraten. Oft wird die Schuld bei sich gesucht und dieses Erlebnis für sich behalten, weil die Scham so stark ist. Die Betroffenen fühlen sich als Opfer der Situation und entwickeln oft daraus Wut auf den Bewohner oder Bewohnerin. Sie suchen Möglichkeiten, weitere solche Vorkommnisse zu umgehen, indem sie diese Person nicht mehr pflegen wollen. Oder wenn sie diese Person doch betreuen müssen, geschieht dies in einem großen emotionalen Abstand. Damit versiegt jedoch die Beziehung und das Sich-gegenseitig-etwas-geben-Können und der Beruf kann zur Belastung werden. Man gibt und meint nichts mehr zurückzubekommen. Es fehlt den Betroffenen, oft dem ganzen Team oder gar der ganzen Institution ein Angebot professioneller Strategien, um konkrete Lösungen anzustreben. Ich erlebe oft, dass Teams in ihrer Not Lösungen auf der Basis persönlicher sexueller Werthaltungen suchen. Dies ist verständlich, jedoch weder professionell noch hilfreich.

Sicht der Bewohner und Bewohnerinnen

Wenn Sexualität ein menschliches Bedürfnis ist, das von der Wiege bis zur Bahre vorhanden ist, versteht sich, dass dieses Bedürfnis nicht mit dem Eintritt ins ein Heim abgelegt wird. Die Bewohner und Bewohnerinnen sind unter ständiger Beobachtung und haben wenig bis keine Intimsphäre. Sexualität ist ein Tabu und es fehlt an Transparenz und Offenheit. Oft wird alten Menschen Sexualität kaum mehr zugestanden. Die zu betreuenden Menschen sind sich ihrer Abhängigkeit bewusst und wollen es dem Personal »recht« machen. Sie wollen nicht als »Grüsel« oder »Komische« dastehen, die noch Sexualität leben möchten. Ungelebte Sinnlichkeit und Sexualität, die nicht sein dürfen, können in Aggressionen, Frustrationen oder Depressionen umschlagen. Wenn das Personal dem Bewohner und Bewohnerin keine klare Grenze setzt, kann unklar sein, für welche Rollen sie zuständig sind. So kann es geschehen, dass zum Beispiel im Speisesaal das Personal am Gesäß getätschelt oder auf die Knie gezogen wird, wie das früher in der »Quartierbeiz« üblich war.

Abgrenzung ohne Empathie für die Bedürfnisse der Bewohnerinnen und der Bewohner sowie unklar gesetzte Grenzen machen tragfähige Lösungen unmöglich.

Pattsituation

Pflegende und betreuende Menschen möchten ihre Arbeit gemäß ihrer Arbeitsethik gut ausführen. Sie finden in ihrem Beruf immer wieder Momente von großer Zufriedenheit und Sinn. Bei sexuellen Übergriffen, seien diese verbal oder körperlich, wird die innere Balance erschüttert, die Pflegende fühlt sich zu Recht verletzt und sucht Strategien, mit diesem Dilemma umzugehen. Sie grenzt sich massiv ab um nicht weiter verletzt zu werden. Der Bewohner, die Bewohnerin hat sexuelle Bedürfnisse. Sie sind aus ihrer Biografie heraus nicht gewohnt, darüber zu sprechen. So werden die sexuellen Bedürfnisse tabuisiert oder es wird der progressive Weg gewählt, immer und überall über die eigenen sexuellen Bedürfnisse zu sprechen oder sie auszuleben. Vorhanden ist sexuelle Energie, die nicht an die Umstände angepasst und kompatibel ins System integriert wird. Zu Recht gelten in Institutionen Regeln, wo Sexualität begrenzt wird, nämlich dann, wenn andere Bewohner und Bewohnerinnen, Angehörige oder Besucher damit konfrontiert werden.

Lösungsmöglichkeiten

In meiner langjährigen Erfahrung als Coach und Seminarleiterin habe ich ein Sieben-Schritte-Modell zur professionellen Integration von Sexualität entwickelt. In diesem Modell wird die Komplexität und Vielschichtigkeit praxisnah und umsetzbar. Ich fasse es in knappen Sätzen zusammen:

1. Sexuelle Bedürfnisse *erkennen* und als diese *wahrnehmen*.
2. Die *eigene Betroffenheit, Emotionalität* in der Situation werden für sich wahrgenommen und *bearbeitet*. Dadurch entsteht eine Grenze zwischen der Betreuenden und der zu betreuenden Person.
3. Professionelle Haltung als *Verhandlungsmoral*, welche die Selbstbestimmung zugesteht sowie das Menschenrecht auf Sexualität. Sexualität wird zugestanden und ist verhandelbar.
4. Auf der Basis des *Drei-Kreise-Modells nach Paul Sporken* wird mit dem zu betreuenden Menschen besprochen, wo sein Wunsch nach Sexualität liegt: Mit dem *äußersten Kreis ist die allgemeine Sinnlichkeit* gemeint, mit dem *mittleren Kreis das Küssen, Petting und Streicheln* und mit dem *inneren Kreis der eigentliche Geschlechtsverkehr*.
5. Gemeinsam mit dem zu Betreuenden wird der Pflegeprozess erstellt. Dabei geht es um seine/ihre Bedürfnisse, Ziele, Maßnahmen unter *Einbezug der Bedürfnisse und Grenzen der Institution und der Betreuenden*. Zum Beispiel wird die Tür abgeschlossen, um nicht Zeugin von sexuellen Handlungen zu werden.
6. *Dokumentation des Prozesses:* Damit ist ein weiterer Schritt zur Professionalisierung gegeben.
7. *Kontinuierliche Überprüfung* der Maßnahmen und Ziele *gemeinsam* mit dem zu betreuenden Menschen.

Dieses Instrument bewährt sich in der Praxis. Rollen werden geklärt, gegenseitige Grenzen definiert, das Bedürfnis nach Sexualität enttabuisiert und dadurch erst integriert und lebbar. Es stellt die Bedürfnisse auf eine ethisch umsetzbare Ebene, wo – im Idealfall – niemand darunter zu leiden hat, weder die zu betreuenden Menschen noch das Pflege- oder Betreuungspersonal.

Regula Eugster ist Sexualpädagogin, Seminarleiterin, Coach, Resilienz-Trainerin.
E-Mail: regula.eugster-krapf@bluewin.ch
Website: www.quellengang.ch

Sterben und Tod
Erfahrungen von gleichgeschlechtlichen Paaren und ihren Angehörigen

Udo Rauchfleisch

Krisen stellen Beziehungen stets auf eine Bewährungsprobe. Im »normalen Alltag« gelingt es den Menschen im Allgemeinen, über vieles hinwegzugehen und einer tieferen Auseinandersetzung mit grundlegenden Fragen auszuweichen. Eine besondere Zeit stellt in dieser Hinsicht die Konfrontation mit dem Tod von nahestehenden Menschen dar. Es ist bekannt, dass die Trauernden einerseits große Solidarität entwickeln können und frühere Konflikte nebensächlich werden. Andererseits kann es aber in einer solchen existenziellen Grenzsituation auch zum Ausbruch heftiger Konflikte kommen, die bisher vielleicht nie sichtbar geworden sind, sondern im Verborgenen geschlummert haben.

Beide Phänomene finden wir bei Angehörigen von gleichgeschlechtlichen Paaren. Wie die Interaktion von Angehörigen und Partnerinnen beziehungsweise Partnern aussieht, hängt vor allem von vier Faktoren ab: erstens davon, ob der verstorbene Partner gegenüber seinen Angehörigen ein Coming-out durchlaufen hat, zweitens davon, ob die gleichgeschlechtliche Orientierung von den Angehörigen akzeptiert worden ist, drittens von der Art der Beziehung, welche die in einer gleichgeschlechtlichen Partnerschaft lebenden Frauen respektive Männer zu ihren Angehörigen gepflegt haben, und viertens vom rechtlichen Status des Paares, das heißt, ob die Partnerinnen beziehungsweise Partner in einer registrierten Partnerschaft oder verheiratet gelebt haben oder lediglich »Freundinnen« beziehungsweise »Freunde« ohne rechtliche Absicherung waren. Im Folgenden werden diese vier Konstellationen diskutiert.

Erfolgtes oder nicht erfolgtes Coming-out

Es ist eine grundsätzlich unterschiedliche Situation, ob Angehörige im Augenblick des Todes erstmals mit der Tatsache konfrontiert werden, dass ihre Tochter, ihr Sohn, ihre Mutter oder ihr

Auguste Rodin, Verschlungenes sapphisches Paar, um 1900 / akg-images

Vater homosexuell waren, oder ob die sexuelle Orientierung den Angehörigen bekannt war.

Im Fall eines zu Lebzeiten nicht erfolgten Coming-out erfahren die Angehörigen eine zweifache Belastung: zum einen durch den Tod des ihnen nahestehenden Menschen und zum anderen durch die unerwartete Mitteilung, dass sie lesbisch oder er schwul war. Obwohl viele Lesben und Schwule heute offen mit ihrer sexuellen Orientierung umgehen, insbesondere wenn sie mit einer Partnerin oder einem Partner verbunden sind, gibt es nach wie vor Paare, die ihre Beziehung gegenüber ihren Angehörigen geheim halten. Solche Angehörige erleben die Mitteilung, dass die oder der Verstorbene in einer gleichgeschlechtlichen Beziehung gelebt hat, im Allgemeinen wie einen Schock. Es tauchen Gefühle der Enttäuschung und Wut auf, weil sie sich hintergangen fühlen. Fassungslos stehen sie vor der Einsicht, dass ihr Angehöriger ein »Doppelleben« geführt hat – so der Eindruck in einem solchen Moment.

Oft weigern sich Angehörige in dieser Situation, persönlichen Kontakt mit der Partnerin/ dem Partner des Verstorbenen zuzulassen. Dies ist für den überlebenden Partner im Allgemeinen eine große Belastung. Auch er muss nicht nur den Tod des Partners verkraften, sondern sich nun auch mit der Kränkung durch die Zurückweisung seitens der Familie des Verstorbenen auseinandersetzen.

In solchen Momenten hängt sehr viel von den beteiligten Persönlichkeiten ab. Sind die Angehörigen in der Lage, ihre persönliche Betroffenheit wenigstens ein Stück weit zurückzustellen und gemeinsam mit der Partnerin oder dem Partner zu trauern, kann in der existenziellen Grenzsituation des Todes eine Beziehung entstehen, die für alle Beteiligten tröstlich und bereichernd ist. Dominieren jedoch Gefühle der Enttäuschung, der Wut und des Ressentiments auf einer oder auf beiden Seiten, so kann es zu massiven gegenseitigen Verletzungen und schmerzlichen Ausgrenzungen kommen.

Akzeptanz der Homosexualität durch die Angehörigen

Ist die gleichgeschlechtliche Orientierung des Verstorbenen den Angehörigen bekannt, so hängt deren Reaktion davon ab, ob sie ihre/seine Homosexualität akzeptiert haben. Nicht-Akzeptanz ist oft vor allem durch weltanschauliche, religiöse Vorbehalte bedingt, wobei insbesondere fundamentalistische Gruppierungen sehr ablehnend gegenüber der Homosexualität sind, aber auch durch die Orientierung von Menschen an politisch traditionellen Vorstellungen mit engen Frauen- und Männerbildern (Rauchfleisch 2011).

Die Beziehung zwischen den Parterinnen/ Partnern und den Angehörigen

Hat das Coming-out der oder des Verstorbenen zu Akzeptanz in der Familie geführt, so können sich die Angehörigen und die Partnerin beziehungsweise der Partner des Verstorbenen in der Trauer zusammenfinden und sich gegenseitig unterstützen. War es zu Lebzeiten der oder des Verstorbenen eine enge, vertrauensvolle Beziehung zwischen den Angehörigen und der Partnerin/dem Partner, so kann auf dieser Grundlage ein gemeinsamer Trauerprozess durchlaufen werden. War es jedoch vor dem Tod eine brüchige, von Vorurteilen und gegenseitigen Vorwürfen belastete Beziehung, so können im Augenblick des Todes die bisher vielleicht zurückgehaltenen Konflikte aufbrechen und sich in aller Heftigkeit entladen. Dies stellt für beide, für die Partnerin/ den Partner ebenso wie für die Familienangehörigen, eine enorme Belastung dar.

Rechtlicher Status der Partnerschaft

Wie Partnerinnen beziehungsweise Partner des Verstorbenen und die Angehörigen miteinander umgehen, hängt nicht zuletzt auch von den rechtlichen Bedingungen der gleichgeschlechtlichen Partnerschaft ab. Sehr schwierig kann die

Situation für die Partnerin/den Partner werden, wenn die Partnerschaft rechtlich nicht abgesichert ist. Dies war bis zur Einführung der registrierten Partnerschaft, wie sie heute in vielen europäischen Ländern besteht, die Regel. Gewiss konnten auch damals Verträge zwischen den Partnerinnen und Partnern abgeschlossen werden. Oft wurde dies jedoch nicht gemacht.

Das bedeutete, dass im Moment des Todes die Partnerin/der Partner etwa die gemeinsame Wohnung verlassen musste, kein Anrecht auf ein Erbe hatte und mitunter nicht einmal etwas als Erinnerung an den oder die Verstorbenen mitnehmen konnte. In Fällen, in denen die Angehörigen die Partnerin/den Partner nicht akzeptierten und die Homosexualität ihres Angehörigen verheimlichen wollten, erschien der Name der Partnerin/des Partners nicht auf der Todesanzeige und sie/er konnte bei der Trauerfeier, wenn überhaupt, nur irgendwo unter den Trauergästen, nicht aber in der ersten Reihe mit den engsten Angehörigen sitzen. Zu der Trauer um die/den Verstorbenen kam in diesem Fall noch die Kränkung durch den Ausschluss seitens der Familie hinzu.

Diese Situation finden wir heute, wo es möglich ist, eine registrierte Partnerschaft einzugehen oder zu heiraten, zwar nicht mehr so häufig wie früher. Doch nach wie vor sehen sich Überlebende aus einer gleichgeschlechtlichen Partnerschaft mitunter mit einer solchen, sie enorm belastenden Situation konfrontiert.

Chance einer neuen Beziehungsqualität

Die vier hier geschilderten Konstellationen sind lediglich Prototypen einiger typischer Situationen. Letztlich spielen jedoch jeweils etliche weitere persönliche Faktoren eine Rolle. Wie viele andere Krisen kann auch die existenzielle Grenzsituation des Todes den Trauernden die Chance bieten, gleichsam über sich hinauszuwachsen, Ressentiments und Verletzungen zu überwinden und im gemeinsamen Trauerprozess einander näher zu kommen.

Es ist die Chance einer solchen Grenzsituation, dass Menschen gerade in Zeiten von Trauer, Verzweiflung und Not spüren, in welch starkem Maß sie darauf angewiesen sind, mit ihrer Angst und ihrem Kummer nicht allein gelassen zu werden, sondern Menschen bei sich zu haben, denen sie gefühlsmäßig nahe stehen. Trauernde Angehörige und Partnerinnen respektive Partner können in einem solchen Moment die tröstliche Erfahrung machen, dass »Leid sich letztlich wohl nur wirklich tragen lässt, wenn wir es mit anderen teilen können […] Das Wichtigste ist, dass wir im Leid ein Du finden, zu dem wir uns in Beziehung setzen können und das uns das Gefühl des Miteinander vermittelt« (Rauchfleisch 1991).

Wenn dies den Angehörigen und den Partnerinnen beziehungsweise den Partnern aus gleichgeschlechtlichen Partnerschaften gelingt, unabhängig davon, wie ihre Beziehung zueinander früher gewesen ist, wird der Tod des geliebten Menschen trotz des schmerzlichen Verlustes für alle Beteiligten zu einer neuen, konstruktiven Erfahrung in ihrem Leben.

Udo Rauchfleisch ist emer. Professor für Klinische Psychologie an der Universität Basel. Nach 30-jähriger Tätigkeit als Leitender Psychologe in der Psychiatrischen Universitätspoliklinik Basel ist er seit 1999 als Psychotherapeut in privater Praxis tätig. Er ist Psychoanalytiker (DPG, DGPT) und hat außer Publikationen zur Theorie und Praxis der Psychoanalyse, zu Gewalt, Dissozialität, musikpsychologischen und theologisch-psychologischen Grenzgebieten etliches zu den Themen Homosexualität und Transidentität (»Transsexualität«) veröffentlicht.
E-Mail: Udo.Rauchfleisch@unibas.ch

Literatur
Rauchfleisch, U. (1991). Leiden – verzweifeln – hoffen. Freiburg (Schweiz).
Rauchfleisch, U. (2011). Schwule. Lesben. Bisexuelle. Lebensweisen, Vorurteile, Einsichten. 4. Auflage. Göttingen.

Schönheit und Erotik auf dem Ohlsdorfer Friedhof

Christine Behrens

Nackte Schönheiten und erotische Darstellungen auf dem Friedhof – auch in Norddeutschland? Isolde Ohlbaum (»Denn alle Lust will Ewigkeit«, 1986) und André Chabot (»Erotique du cimetière«, 1989) beweisen durch ihre Fotos, wie reich in dieser Hinsicht viele Friedhöfe Europas sind. Hamburg macht da keine Ausnahme, trotz der kühlen Reserve, mit der sich die Stadt gern rühmt.

Frauenskulpturen auf Grabmälern

Auf dem Ohlsdorfer Friedhof findet sich eine große Zahl von schönen Grabmalplastiken, die selten ganz frei von sinnlich-erotischer Note sind. Meist sind sie in der wilhelminischen Zeit entstanden; fast alle stehen im alten Teil des Friedhofs, dem sogenannten Cordes-Teil – auch diejenigen, die nach dem Ersten Weltkrieg und später hinzukamen. Einige dieser in der überwiegenden Mehrheit Frauendarstellungen sind noch kindlich, andere reifer, die meisten in voller Blüte; und fast alle Frauenskulpturen in Ohlsdorf haben eins gemeinsam – sie sind hübsch und jung. Schöne Männer gibt es auch, dennoch machen sich Männerakte relativ rar auf dem Friedhof; deshalb wird nicht lange von ihnen berichtet.

Längst nicht alle nackt oder wenig bekleidet dargestellten Frauen zeigen erotische Züge. Die Göttin mit entblößter Brust, die Hugo Lederer als »Schicksal« darstellte, will Grauen erzeugen. Umgekehrt ist die steinerne Vermittlung inniger Mutterliebe einer Frau vordergründiger als ihre Nacktheit; mindestens gleich reizvoll wirkt zum Beispiel die dünn verschleierte Mutter, die beim Grabmal Burchhardt vom Bildhauer Roland Engelhard (1929/30) ihren toten Sohn zärtlich auf die Stirn küsst.

Die Sinnlichkeit einer Skulptur auf dem Friedhof entsteht demnach nicht allein durch die Tatsache, dass Frauen von begabten und anerkannten Bildhauern dünn bekleidet, halbnackt oder frei von jeder Hülle gezeigt werden, sondern auch durch ein Bündel von Motiven, mit denen die Trauer der Hinterbliebenen überwunden werden soll – wie etwa ewige Schönheit, Trennung, Verzweiflung, Melancholie oder Hoffnung; und innerhalb dieser Darstellungen der Trauer dominiert also die Figur der weiblichen Trauernden. Erinnern sie uns daran, dass trotz des Todes noch die Lust am Leben weiterbestehen kann?

Schönheitsideale

Eine erste Gruppe von Skulpturen soll hier betrachtet werden, die Schönheitsideale mit einer gewissen Zeitlosigkeit verbindet. Viele Statuen mit Trachten, Sandalen, faltenreichen Gewän-

Grabmal Burchhardt

Schönheit und Erotik auf dem Ohlsdorfer Friedhof

dern sind demnach oft reine Personifikationen der ewigen Trauer. Nackte Frauendarstellungen sind umso mehr eine Hymne auf die Unvergänglichkeit des weiblichen Körpers und seiner Schönheit über seine Verwesung hinaus. Dazu zählt zum Beispiel die aus weißem Marmor schöne Stehende mit Dackel des Grabmals Groot von Karl Tuchardt (1946), die ihr Cape lässig nach hinten hängen lässt; oder die Kniende beim Grabmal Habermann (von Willi Neu, um 1952), die ihre Hände mit gesenktem Blick voller Melancholie faltet.

Unbedingt zu nennen sind außerdem zwei hübsche, fast freche sitzende Akte mit moderner Frisur, ebenfalls aus neuerer Zeit – die Schöne der Grabstätte Meyer-Schuchardt von Egon Lissow (1955) und eine jüngere »Schwester«, das Grabmal Hansen-Doehring, auch von Lissow (aus den 1990er Jahren?), die ihr sehr ähnlich ist. Beide mit ihrer Natürlichkeit und ihrem freien Blick bieten dem Betrachter ihre Reize an, als ob diese jungen Frauen an die errungene sexuelle Befreiung der letzten Jahrzehnte erinnern wollten. Da wird fast jede Trauer vergessen …

Erotische Spannung

Die Spannung entsteht hier zwischen Paaren, deren pathetisch aufgeladenen Blicken, auch durch Kopf- und Körperhaltungen sowie durch Hände und ihre Berührungen. Diese Gesten spiegeln Augenblicke wider und jeweils den Bruch in den einzelnen Leben.

Grabmal Habermann

Grabmal Hansen-Doehring

Let's talk about Sex

Beim Grabmal Diederichsen von 1901 bringt der Bildhauer Cesar Scharff – der selbst kurz nach Fertigstellung dieses Meisterwerks starb – wunderbar den Schritt vom Leben in den Tod zum Ausdruck. In der Gestalt von Charon greift der Tod nach einem jungen Mädchen; in einen hauchdünnen bronzenen Schleier halb eingehüllt, der über die steinernen Stufen wie hinabfließt, tritt es schwindelig und schwankend, vom fremdem Licht geblendet, ins Totenreich ein.

Der Moment der Trennung von Ehepaaren wird mehrfach bildlich und sinnlich wiedergegeben. Als Relief aus weißem Marmor beim Grabmal Lippert (1897 von Johannes Schilling) ist es die Abschiedsszene mit einem letzten Händedruck und dem besorgten Blick der Eheleute – eine wunderschöne Balance zwischen Innigkeit, die gerade noch währt, und dem künftig drohenden Abschied. Weitere Schritte im Prozess der Trennung durch den Tod zeigt Arthur Bock durch Blicke und berührende Hände, woanders nur noch mit einem leichten Streicheln beider rechten Hände über Rosen. Bock hat dieses Thema und die vorübergehenden Augenblicke des Abschieds bei mehreren Grabmalen aus Bronze oder Stein, Muschelkalk und oft Marmor (die meisten Darstellungen als Vollplastik) in unterschiedlichen Versionen hervorragend getroffen:

Grabmal Diederichsen

Grabmal Kirch

Grabmal Lippert

etwa durch Blicke und Hände, zärtliche und schützende Umarmung, Händeführung, nachsinnende und enge Umschlingung – aber auch durch einen letzten innigen Kuss, wie beim Grabmal Kirch (1938).

Inszeniertes Pathos

In ihrer Vorstellung der historischen und kunsthistorischen Entwicklung der »Gesten der Trauer« in der Grabmalkunst seit der Antike zeigen Norbert Fischer und Sylvina Zander (2003) die Vielfalt der meist allegorischen Darstellungen bis ins 20. Jahrhundert. Auf dem Ohlsdorfer Friedhof gibt es eine Reihe expressiver Gebärden, besonders aus der Zeit des Jugendstils, bei denen das Verführerische, Aufreizende oder Laszive deutlich wird. Im Vergleich zu den temperamentvollen Grabskulpturen südlicherer Länder ist dennoch die überwiegende Zahl von weiblichen Trauernden eher zurückhaltend; sanfte und verhaltene Gesten sind wohl dem kühlen Norddeutschen lieber. Aber selbst da schwingt häufig untergründig eine sinnlich-erotische Note mit. Notfalls wird durch Inszenierung, Requisite, Ausstattung, bloße Körperbereiche und verschobene Gewänder nachgeholfen. Die Schönheit und die Vielfalt der Frauenfrisuren mit Haarknoten, Zöpfen, Locken und losem Haar ist immer wieder verblüffend, besonders um die Jahrhundertwende; dabei unterstreicht die Frisur fast immer ein Dekolleté, die zarte Kurve eines Nackens, einer nackten Schulter – oder die reine Linie eines freien Rückens, wie beim Grabmal Burmeister von Oskar Ulmer (1933).

Und wie viele verrutschte Schulterriemen und Kleider, wie viele wallende Schleier und hauchdünne Stoffe, welche Kunst des Faltens und des Drapierens … Wie oft lassen die Bildhauer Busen, Rundungen – bedeckt und bekleidet – zur Geltung kommen! Mehr als nur deutlich nachgezeichnet werden die weiblichen Körperformen durch die Kunst des Faltenwurfs sowie des sehr dünnen Gewandes. Auch hier ist Bock mit seinen reizenden frühen Werken aus Bronze und Marmor besonders zu erwähnen – dabei können ebenfalls Engel weiblichen Charme besitzen und verführerisch dargestellt werden, wie beim Grabmal Plesch/Ritz (1903).

Grabmal Burmeister

Grabmal Plesch/Ritz

In den 1920er bis 1940er Jahren werden die Kleider oft wie nicht vorhanden dargestellt; hauchdünn werden sie erst durch Details dort sichtbar, wo sie am Hals oder am Arm enden, oder durch Stickerei. Wie reizvoll erscheint mit durchsichtigem Kleid und kunstvollen Falten die »Trauernde« Köser vom Bildhauer Richard Kuöhl (1928)!

Botschaften der Erotik

Norbert Fischer und Sylvina Zander (2003) nennen soziokulturelle Erklärungen für den ambivalenten männlichen Blick der bürgerlichen Auftraggeber, die sich erotische Frauen auf ihre Grabstätten setzten und »unterdrückte Gefühle auf ästhetisch sublimierte Weise« verarbeiten ließen. Hier wird lediglich zusammengefasst der Inhalt dieser Grabmalskulpturen beschrieben, der viel von Liebe, Verzweiflung, süßer Melancholie und Poesie der Trauer, aber auch von Glaube und Hoffnung erzählt. Auch in Ohlsdorf werden auf zahlreichen bekannten Grabmalen große Trauer und Verzweiflung durch expressive und pathetische Gesten klar ausgedrückt: stehend niedergebückt, sitzend nach vorn gebeugt, Hände ringend oder gefaltet, kniend, kauernd, sitzend – und weinend … Vielleicht verdeutlicht am besten beim Grabmal Wolkau/Teubert die unbekleidete Trauernde von Oskar Witt (1933) die hier gültige Botschaft: Die Schönheit besiegt den Tod. Die etwas

Grabmal Köser

Schönheit und Erotik auf dem Ohlsdorfer Friedhof   51

Grabmal Wolkau/Teubert

Grabmal Moeller-Jarke

sanftere Trauer ist auf unzähligen Grabstätten vorhanden. Poesie der Trauer – der akzeptierten, verinnerlichten Trauer – wirkt besonders bewegend durch die beiden schon zitierten knienden der Grabmale Köser von Richard Kuöhl und Habermann von Willi Neu. Hier gilt: In aller Trauer liegt geheime Schönheit – Erotik überwindet den Abschied.

Hoffnungsbotschaften sind ebenfalls nicht ganz frei von Erotik. Wie meisterhaft ist die zum Anfassen gelungene Lauschende – ein Frühwerk von Ernst Barlach beim Grabmal Moeller-Jarke (1900), die hinter dem verschlossenen Tor noch etwas erahnt … Wie zauberhaft die drei allegorischen Psyche-Darstellungen von Bock, mit Schmetterlingsflügeln zum Himmel blickend oder vorsichtig in ihren Händen einen Schmetterling haltend – Symbol der unsterblichen Seele. Ganz entzückend ebenso die Frühwerke dieses Bildhauers mit sehr jungen Mädchen, die

Let's talk about Sex

August-Herrlein-Stift-Grabmal

nach oben schauen wie auf dem August-Herrlein-Stift-Grabmal (1904). Je größer ein Kreuz dazu vorhanden ist, umso deutlicher wird die christliche Botschaft – durch Glauben mit allen schon genannten Stufen der Gefühle: Pathos, sanfte Trauer, aber zugleich auch Hoffnung. Eine Schöne klammert sich um das Kreuz, lehnt sich daran an, nimmt davor Abschied von ihrem Mann; alle strahlen dabei innere Ruhe und gleichzeitig eine zarte Erotik aus.

Beim Vergleich mit einer modernen badenden Venus, die Jahre lang am Haupteingang aus einer riesigen Muschel lasziv ihre Beine hängen ließ, muss man eines feststellen – die Begriffe »Schönheit« und »Erotik« als Trost in der Trauer werden je nach Betroffenen, Künstlern und Zeitgeist sehr unterschiedlich verstanden. Ob Klassizismus, Jugendstil oder Expressionismus, Kunst oder Kitsch – seit über einem Jahrhundert bietet der Ohlsdorfer Friedhof eine enorme Spannweite in der Grabmalkunst auf diesem Gebiet. Schönheit und Erotik – der Friedhof ist vor allem ein Ort für die Hinterbliebenen und zugleich für uns Lebende.

Der Ohlsdorfer Friedhof wurde 1877 als kommunaler Friedhof und Park gegründet. Mit 391 Hektar heute, zwei Buslinien und zwölf Kapellen ist er der größte Parkfriedhof der Welt. Als Gedächtnis Hamburgs und Europas bietet er außerdem viele Plastiken von berühmten Künstlern und eine eindrucksvolle Gartenarchitektur. Mit Teichen und Kanälen, reicher Fauna, Flora aus der ganzen Welt wird er in der Metropolregion Hamburg als Oase der Ruhe geschätzt – und auch als ein lebendiger Ort, der nicht allein für Trauernde bestimmt ist.

Christine Behrens, 1943 in Frankreich geboren, studierte Geografie und Geschichte mit Schwerpunkt Afrika; 1969 zog sie nach Hamburg und lebt seitdem dort, 1972 promovierte sie in Bordeaux über einen Stamm Westafrikas. Sie ist aktives Mitglied im »Förderkreis Ohlsdorfer Friedhof« sowie in Vorstand und Redaktion der Zeitschrift für Trauerkultur »Ohlsdorf« und interessiert sich besonders für Natur, Kunst und Kultur, Glaubensfragen und Soziologie in Ohlsdorf – wie auch auf vielen Reisen.

E-Mail: christine@behrens1.de
Website: www.ohlsdorf-online.de

Literatur

Böttger, C.; Cardorff, P. (2003). Mein letztes Wort. Der Grabstein als Visitenkarte. Berlin.
Chabot, A. (1989). Erotique du cimetière. Paris.
Fischer, N.; Zander, S. (2003). Gesten der Trauer. Imaginierte Weiblichkeit in der Grabmalkultur vom späten 18. bis zum frühen 20. Jahrhundert. In: Friedhof und Denkmal, 1, S. 6–14/3, S. 18–27.
Großes Lexikon der Bestattungs- und Friedhofskultur, Band 1 (besonders die Stichwörter »Frau« und »Tod und Eros«). 2001. Braunschweig.
Hornbostel, W.; Nils Jockel, N. (Hrsg.) (2002). Nackt. Die Ästhetik der Blöße. Katalog zur Ausstellung. München u. a.
Leisner, B.; Schulze, H. K. L.; Thormann, E. (1990). Der Hamburger Hauptfriedhof Ohlsdorf. Geschichte und Grabmäler. 2 Bände. Hamburg.
Loacker, N.; Hänsli, C. (1998). Wo Zürich zur Ruhe kommt. Die Friedhöfe der Stadt Zürich. Zürich.
Marheinecke, J. (1997). Die schönen Frauen von Ohlsdorf. Hamburg
Marheinecke, J. (2001). Trauer, Hoffnung, Glaube … Botschaften Ohlsdorfer Kunstwerke, Hamburg.
Ohlbaum, I. (1992). Denn alle Lust will Ewigkeit. Erotische Skulpturen auf europäischen Friedhöfen. München.

Anmerkung

1 Dieser Artikel ist eine aktualisierte, verkürzte Fassung des 2004 in »Ohlsdorf – Zeitschrift für Trauerkultur« erschienenen Beitrags zum Thema »Tod, Trauer und Weiblichkeit«.

Wissen und Mut sind gefragt!
Sprechen über Sexualität im medizinischen Umfeld

Barbara Zeyen Käch

»Sex ist die intimste Form der Kommunikation, die uns Menschen zur Verfügung steht. Aber auch die, für die wir am wenigsten Bewusstsein haben. Es gibt keinen anderen Lebensbereich mit einer vergleichbaren Spannweite: vom tiefsten Leid zum größten Glück!«
(Christoph Joseph Ahlers)

Sexualität

Die Rolle, die Sexualität im Leben jedes Einzelnen spielt, ist von Mensch zu Mensch verschieden. Sie kann einen hohen Stellenwert haben oder sie kann eine Nebensache sein. Manche unserer Patientinnen leben in glücklichen, sexuell erfüllten Partnerschaften, andere haben schwierige Beziehungen und erleben die Sexualität problematisch. Wieder andere sind allein und hoffen vielleicht auf einen neuen Partner, eine neue Partnerin. Andere erfüllen ihre »eheliche Pflicht«. Den meisten ist gemeinsam, dass »man nicht darüber redet« (Neises 2009).

Obwohl die öffentliche, mediale Präsenz der Sexualität zu keiner Zeit so groß war wie heute, ist das Gespräch über die *persönliche* Sexualität nach wie vor für viele Menschen mit Scham behaftet, unabhängig davon, ob sie krank oder gesund sind.

Krankheit

Partnerschaft, Erotik und Sexualität werden durch schwere oder chronische Erkrankungen und deren Behandlung wesentlich beeinflusst und oft gestört. Insbesondere über die Auswirkungen der Krebserkrankungen und ihrer Therapien auf die Sexualität besitzen wir mittlerweile dank zahlreicher Untersuchungen detaillierte Kenntnisse. Hierbei kann es sich um rein körperliche Veränderungen handeln, die eine sexuelle Begegnung erschweren oder gar unmöglich machen. Oft haben aber auch die schwere Erkrankungen begleitende Angst und seelische Erschütterung einen negativen Einfluss auf das sexuelle Erleben.

Im medizinischen Kontext ist es die Aufgabe der Fachpersonen, das Thema ins Gespräch zu bringen und zu informieren. Dies wird Studien zufolge von mehr als der Hälfte der Patientinnen und Patienten erwartet und dessen sind sich auch die meisten Ärztinnen und Ärzte bewusst. Dass eine Patientin das Thema aktiv anspricht, kommt vor, wenn bereits eine vertrauensvolle Beziehung besteht, ist jedoch gesamthaft gesehen eher selten.

Trotzdem ist nach wie vor auf Seiten der Ärztinnen und Ärzte (und auch der Pflegefachpersonen) ein Unbehagen bei der Thematik und auf Seiten der Patientinnen ein nicht erfülltes Informations- und Gesprächsbedürfnis wahrnehmbar (Flynn et al. 2012).

Tabu

Die Gründe seitens der Ärztinnen und Pflegenden, das Thema Sexualität nicht anzusprechen, sind vielfältig. Möglicherweise bestehen ein eigenes (oft nicht bewusstes) Unbehagen und Schamgefühl gegenüber dem Thema oder die Befürchtung, der Patientin könne ein Gespräch über Sexualität unangenehm sein, ist Grund für die Vermeidung. In Befragungen geben Teilnehmerinnen an, dass sie befürchten, zu wenige Kenntnisse zu haben und keine (schnellen) Pro-

Die Ergebnisse zahlreicher Studien und die eigene Erfahrung zeigen, dass ein offenes Gespräch über Sexualität von den allermeisten Patientinnen und Patienten gewünscht und als erleichternd und hilfreich erlebt wird.

Foto: Christiane Knoop

blemlösungen bieten zu können. Im stationären Setting, aber auch in der ambulanten Praxis können subjektiv wahrgenommener oder objektiver Zeitmangel ein Grund für die Vermeidung des Gesprächs sein.

Wissen, Kompetenz und Selbstreflexion

Um ein offenes, klares und hilfreiches Gespräch – welches nicht zwingend sehr lange dauern muss – über Sexualität und deren Beeinträchtigungen führen zu können, sind meiner Ansicht nach die folgenden Punkte unerlässlich: fachliches Wissen (insbesondere über zu erwartende Einschränkungen oder Nebenwirkungen durch die geplanten oder bereits durchgeführten Therapien, sexuelle Störungen), sprachliche Sicherheit (Vermeidung medizinischer Fachausdrücke wie auch von Straßensprache), Rollen- und Auftragsklärung (vor allem im stationären/palliativen Setting) sowie die Auseinandersetzung mit der eigenen Sexualität. Zusätzlich ist Erfahrung in der Kunst der Gesprächsführung wichtig, um Patientinnen auch durch heikle, schambesetzte Themen leiten zu können.

Ebenso wie das Erleben der Sexualität ist auch der geeignete Moment, um darüber zu sprechen, individuell unterschiedlich. Oft stehen zu Beginn einer schweren Erkrankung die Entscheidungsfindung und die durch die (vermeintliche) Bedrohung des Lebens ausgelöste Angst im Vordergrund. Fragen der Lebensqualität bleiben zunächst eher im Hintergrund. Ob und wann sich dies im Verlauf ändert, muss durch offenes, aktives Zuhören von Seiten der Ärztin oder der Pflegenden in Erfahrung gebracht werden (*»Was ist hier und jetzt wichtig?«*).

Unabhängig davon ist es die ärztliche Pflicht, über durch die Behandlung zu erwartende Beeinträchtigungen der Sexualität und Fertilität vorgängig zu informieren. In meiner Erfahrung werden Schwierigkeiten, auf die die Patientin vorbereitet ist, anders erlebt als solche, die völlig unerwartet und unvorbereitet auftreten (*»Wenn ich gewusst hätte, welchen Einfluss die Therapie auf meine Libido haben kann, hätte ich mich weniger unter Druck gesetzt zu funktionieren«*).

Im Verlauf ist es eine gute Möglichkeit, mit der Frage nach verändertem Erleben den Einstieg in ein Gespräch zu finden. *Beispiel: »Hat sich in Ihrer Partnerschaft etwas verändert?«* Es kann auch auf die Erfahrung anderer Patientinnen oder Betroffener zurückgegriffen werden. *Beispiel: »Manche Frauen beklagen unter der Antihormontherapie eine trockene Scheide und damit verbundene Schmerzen, die die Sexualität beeinträchtigen oder gar unmöglich machen. Haben Sie eine solche Veränderung auch bemerkt?«*

Auch die Abgabe von Pflegeprodukten und Gleitmitteln bietet Gelegenheit für ein informatives, offenes Gespräch und ist in manchen Fällen bereits die Lösung des Problems. Falls sich zeigt, dass die eingeplante Konsultations-/Sprechstundenzeit nicht ausreicht, um das Thema zu besprechen, empfiehlt es sich, einen erneuten Termin mit einem definierten Zeitfenster zu vereinbaren.

Gerade Patientinnen, die an fortgeschrittenen, nicht mehr heilbaren Erkrankungen leiden, schätzen es sehr, wenn in Gesprächen mit Ärztinnen oder Pflegenden Genuss und Lebensqualität Raum haben und thematisiert werden. Mit etwas Mut kann auch hier das Thema Sexualität als Quelle der Lebensfreude aufgegriffen werden. Die Ergebnisse zahlreicher Studien und meine eigene Erfahrung zeigen, dass ein offenes Gespräch über Sexualität von den allermeisten Patientinnen gewünscht und als erleichternd und hilfreich erlebt wird.

Mut

Um Ihren Patientinnen und Patienten diese Erfahrung zu ermöglichen, möchte ich Sie zu Folgendem ermutigen:

- Informieren Sie sich und bilden Sie sich fort. Sie finden hierzu Internetadressen und Literaturhinweise am Ende des Textes.
- Denken Sie über Ihre persönliche Sexualität nach und setzen Sie sich mit Ihren eigenen Tabus und Widerständen auseinander. Hilfreiche Fragen im Rahmen der Selbstreflexion können zum Beispiel sein: »Welche Bedeutung hat Sex für mich und in meinem eigenen Leben?«, »Finde ich Sex angesichts einer schweren Erkrankung wichtig?«, »Was irritiert mich, macht mir Schwierigkeiten?«. Wählen Sie angemessene Worte und Bezeichnungen aus und üben Sie deren Gebrauch. Signalisieren Sie Offenheit (*»Mit mir können Sie über Sexualität sprechen«*) und dann versuchen Sie es – Gesprächsführung ist wie vieles andere auch »learning by doing«.
- Nutzen Sie die Möglichkeiten des Austauschs im Team und der Supervision. Beides hilft, an Sicherheit zu gewinnen und eigene Befürchtungen abzubauen.

Ihre Patientinnen oder Klienten werden Ihnen dankbar sein.

Empfohlene Internetadressen und Literatur

www.krebsinformationsdienst.de
www.sexualmedizin-akademie.de
Buddeberg, C. (2005). Sexualberatung. Eine Einführung für Ärzte, Psychotherapeuten und Familienberater. 4. Auflage. Stuttgart.
Zettl, S. (2000). Krankheit, Sexualität und Pflege. Hilfestellungen für den Umgang mit einem Tabu. Stuttgart.

Dr. med. **Barbara Zeyen Käch**, Jahrgang 1962, ist Fachärztin für Innere Medizin und Psychosomatik mit Weiterbildung in Psychoonkologie und Hypnotherapie. Sie begleitet und behandelt seit vielen Jahren Frauen mit Brustkrebs oder gynäkologischen Krebserkrankungen in der Frauenklinik des Inselspitals Bern.
E-Mail: barbara.zeyen@insel.ch

Literatur

Ahlers, C. J. (2015). Himmel auf Erden und Hölle im Kopf. München.
April, K. (2016). Sexualanamnese in der Hausarztpraxis. In: DAM, 1, S. 18–21.
Brechtel, A. (2014). Sexualität und Krebs. Bedeutung in verschiedenen Krankheitsphasen und Generationen. St. Gallen. https://www.drapril.ch/%C3%BCber-mich/publikationen/
Flynn, K. E.; Reese, J. B.; Jeffery, D. D.; Abernethy, A. P.; Lin, L.; Shelby, R. A.; Porter, L. S.; Dombeck, C. B.; Weinfurt, K. P. (2012). Patient experiences with communication about sex during and after treatment for cancer. In: Psychooncology, 21, 6, S. 594–601.
Neises, M. (2009). Sexualität und Partnerschaft bei Krebs. Magdeburg.

Leben mit Tamosex

Robert Glattau

Ein Standardpräparat bei der Nachsorge von östrogenabhängigem Krebs ist Tamoxifen beziehungsweise Nolvadex. Es wird auch Männern verschrieben, die an einem derartigen Brustkrebs erkrankt waren. Zu den möglichen Nebenwirkungen zählt auch Libidoverlust. Das kann ich bestätigen.

Meine eigenen Erfahrungen

Schweigen, in Gedanken versunken und abgeschottet sein war meine Reaktion auf die Diagnose Brustkrebs Mitte 2011, mit 51 Jahren. Die sechs quälenden Tage zwischen dem Biopsieergebnis »bösartig« und der erlösenden Computertomografie mit dem Ergebnis, dass der Tumor nicht gestreut hatte, war die grenzwertigste Erfahrung meines Lebens.

In den folgenden neun Monaten durchlief ich die klassischen Therapien: Operation der betroffenen Brustdrüse, acht Chemo-Zyklen und Bestrahlungen. Dann war Antihormontherapie angesagt: fünf Jahre lang täglich eine Tablette Tamoxifen und drei Jahre lang monatlich eine selbstverabreichte Spritze Zoladex, ein GnRH-Analogon.

Ich hatte schon bald beim »Netzwerk Männer mit Brustkrebs« – das im August 2010 unter dem Dach der »Frauenselbsthilfe nach Krebs« gegründet wurde – angedockt und viel wertvolle Unterstützung erfahren. Ein Thema waren dort die Nebenwirkungen der Antihormontherapie wie Hitzewallungen, Libidoverlust oder Stimmungsschwankungen. Erst glaubte ich nicht, dass es mir auch so ergehen würde. Immerhin hatte ich die Chemos mit Bravour absolviert, hatte nicht einmal Haarausfall unter Taxotere. Ich glaubte an die Kraft der inneren Einstellung und an ein paar komplementäre Methoden.

Doch ich irrte. Nach wenigen Wochen verabschiedete sich mein sexuelles Lustempfinden völlig. Dafür konnte ich alle paar Stunden intensivst schwitzen – dieselben Symptome, wie sie von Frauen im Wechsel berichtet werden. Meine damalige Partnerin war zwar sehr unterstützend, doch dass ich zu Sex weder geneigt noch imstande war, nagte (auch) an unserer Beziehung. Wir trennten uns 2014.

Nun kam meine Stehaufmanderl-Qualität zum Zug. Das medikamentös bedingte Unvermögen ließ mich eine mutige und weise Entscheidung treffen: Ich wollte sehen, was noch möglich ist, und buchte eine Serie von körperorientierten Workshops (Neo-Tantra, www.tantra.at), bei denen man auch sanfte Berührungen, Nähe, absichtslose Zärtlichkeit und schließlich auch erotische Begegnungen erlebt. Ich kannte Tantra schon von ganz früher und wusste, dass ich nur gewinnen konnte. Und so war es dann auch. Im Laufe des Jahrestrainings

Michelangelo Buonarroti, Gefesselter Sklave, um 1513 / akg-images / Andrea Jemolo

machte ich auf vielerlei Arten ganz zarte und unspektakuläre Erfahrungen. Prickeln, statt Ekstase, Nähe, Wärme und Vertrauen spüren, statt wildem Sex. Ich hatte den »Tamosex« für mich erfunden. Und meine Zaubershakti kennen und lieben gelernt. Aber das ist eine andere Geschichte.

Dasselbe Symptom, verschiedene Formen des Umgangs damit

Dass Tamoxifen der Libido zuwiderläuft, bestätigen auch Männer des »Netzwerks Männer mit Brustkrebs«. Die Intensität, aber auch der Umgang damit, ist jedoch sehr unterschiedlich.

Ein 28-Jähriger (alle Altersangaben beziehen sich auf den Zeitpunkt der Brustkrebsdiagnose) beschreibt es als »Libidokiller erster Güte«, er wurde leicht reizbar und gehemmt.

Ein Mann mit 44 Jahren merkt zuerst kaum etwas, zumal er und seine Frau ein »sehr ruhiges Sexualleben« führten. Doch zwei Jahre später bekam er verschiedene Metastasen und in der Folge das GnRH-Analogon Zoladex: »Die jetzigen Nebenwirkungen sind der absolute Hammer: […] und totaler Libidoverlust.« Mit Schaudern erinnert er sich an zwei Aussagen von Ärzten: »Was wollen Sie, damit werden in den USA verurteilte Sexualstraftäter ruhiggestellt« und »Libidoverlust sollte ihr kleinstes Problem sein«. Mittlerweile ist Ruhe eingekehrt, nur manchmal träumt er schlecht: »dass meine Frau mit meinem Libidoverlust nicht klarkommt und mich verlässt. Dann wache ich schweißgebadet auf, höre ihren Atem neben mir und sage mir: Alles ist gut.« Und er wünscht sich, dass Ärzte mit dem Thema sensibler umgehen würden.

Ein anderer Mann, 52, machte die gleiche Beobachtung, wie auch ich: »Selbst optische Reize, die mich früher ansprachen, sind heute eher wirkungslos.« Genau das hatte mich ja am meisten überrascht. Dass ich mich nur daran erinnerte, was ich empfunden hatte, aber nun rein gar nichts spürte. Mein Kollege ging noch ins Detail: »Die Erektion ist deutlich schwächer und hält nicht mehr lange an. Sexueller Verkehr ist möglich, aber die Angst zu versagen beziehungsweise nicht durchzuhalten, steuert noch zusätzlich dagegen.« In noch einem Punkt haben wir eine Gemeinsamkeit, auch er machte, dank seiner einfühlsamen Ehefrau, eine ähnliche Erfahrung, wie ich auf den Tantra-Workshops: »Ich verspüre heute Zärtlichkeit ganz anders, körperliche Nähe, Berührung, ohne direkt an Geschlechtsverkehr zu denken.«

Während bei einem 67-jährigen Mann »die Potenz vollkommen abhanden war« und er auch nach eineinhalb Jahren keine Verbesserung merkte, berichtet ein 68-Jähriger, dass sein Lustgefühl erst nach zwei Jahren Tamoxifen-Einnahme schwand: »Danach ging es etwas langsamer beziehungsweise nicht mehr so hart. Mag auch etwas an meinem Alter liegen.«

Kaum über Libidobeeinträchtigung hingegen klagt der 63-jährige Mann, der nur Schlaf- und Appetitlosigkeit bekam. Er führt das abnehmende Lustgefühl in erster Linie auf sein Alter zurück – und ist auch um Abhilfe nicht verlegen: »Es gibt ja Medikamente die so etwas positiv beeinflussen.«

Robert Glattau, Jahrgang 1957, ehemals Journalist und Seminarhotelbetreiber, ist seit 2008 Privatier in Purkersdorf, Österreich. Er ist ehrenamtlicher Projektleiter in der lokalen Flüchtlingshilfe und Kontaktperson des »Netzwerks Männer mit Brustkrebs« für Österreich.
E-Mail: r.glattau@brustkrebs-beim-mann.at

Hinweise
Netzwerk Männer mit Brustkrebs e. V.
Höhenstraße 4
75196 Remchingen
E-Mail: kontakt@brustkrebs-beim-mann.de
Websites: www.brustkrebs-beim-mann.de,
www.frauenselbsthilfe.de

Sexualität – die Lust am Leben[1]

Alfried Längle

Da Sexualität nicht einfach nur ein körperlicher Ablauf ist, sondern eine ganzmenschliche Aktivität und ein ganzheitliches Erleben, ist es für einen integrierten Umgang mit ihr wichtig, sie nicht nur vollziehen zu können, sondern auch zu verstehen. Sexualität soll der Person angemessen und von ihr durchwirkt sein, also persönlich sein. Ihr Potenzial liegt darin, den Menschen mit seinem körperlichen Dasein enger zu verbinden und den Lebensbezug zu vertiefen. Darüber hinaus kann sie ein Schaffen einer gemeinsamen Sache bewirken und uns auf Neues, Zukünftiges hin öffnen. Dieses Potenzial kann auch in Zeiten von Krisen, Leid und Trauer eine besondere Bedeutung haben: In der Sexualität drängt das Leben zur Existenz.

Sexualität – gelebte Körperlichkeit

Sexualität setzt Körperlichkeit nicht nur *voraus*, sondern setzt sie auch in zentraler Weise *ein*. Sexualität bedient sich der sinnlichen Körperlichkeit als Sprache und als Ausdrucksmittel der eigenen Lebendigkeit. Sexualität ist Leben der eigenen Körperlichkeit, bedeutet sich hineingeben in den eigenen Leib, ihn von innen her besetzen, erfühlen, erfüllen, zumeist in Verbindung mit einem »Anderen« (selbst in der autoerotischen Betätigung wird der eigene Leib partiell als Objekt behandelt).

In der Sexualität ist die Beziehung zum Körper intensiver als beim Denken, Sprechen oder Gehen. Darum ist in der Sexualität die Frage nach der Beziehung zum eigenen Körper bedeutsamer und grundlegender, wenngleich nicht wesensverschieden zu den anderen körperlichen Aktivitäten. Allgemein können wir sagen, dass der Körper in der Sexualität in der ihm eigenen Doppelgesichtigkeit gegeben ist, als *Körper-Haben* und *Körper-Sein* (vgl. Marcel 1954). So ist er zum einen in der Form des Objektes ein *Mittel* und ein Instrument, das uns erlaubt, uns auszudrücken, Genuss zu erleben und zu bereiten. Zum anderen ist der Körper gerade in der Sexualität so sehr vom Ich besetzt, das heißt, wir empfinden unser Sein in der Sexualität so leibhaftig, dass wir darin in hohem Maße Körper *sind,* uns in den Körper hineingießen, hineingeben, so dass er geradezu zum Ich-Angebot an den Anderen wird: »Hier kannst du *mich* erleben, da hast du direkten Zugang zu mir.«

Der Körper ist in der Sexualität in diesem Verständnis immer beides: *Instrument* des Ich und *Angebot* des Ich. Sexualität kann daher oszillieren zwischen mehr instrumental-expressivem und mehr offerierend-rezeptivem Einsatz, doch ist der jeweils andere Anteil immer auch da, mal mehr auf der Vorderseite, mal mehr auf der Rückseite des Erlebens. Und noch eine andere Ambiguität kommt dem Körper in der Sexualität zu: Als funktionales Objekt des Ich hat der Körper einen mehr *sachlichen* Bezug, als Ich-Identität einen mehr *personalen*.

Darüber hinaus kommt das *Personale* in der Sexualität auch dadurch herein, dass sich die Person für die Sexualität *entscheidet* und sich auf sie einlassen *mag*. Die *Einheit* Mensch ist gerade in der Sexualität nicht aufgehoben, weil sie zu ichhaft ist, auch wenn die Einheit nicht immer in ihrer *Ganzheit* gelebt wird.

Wenn dem so ist, dass Sexualität nie ganz blind ist, dann kann dies auch erklären, warum über sie eine *Liebe angestoßen* werden kann oder warum die Beziehung zu sich selbst durch sie aufgefrischt werden kann. Aber weil Sexualität per se nicht immer ganz sehend ist, kann sie auch *Beziehungen zerstören* und an der Person vorbeigehen, an der eigenen wie an der des Anderen. Darum kann der besondere Respekt des Mannes für die Frau sein, dass er mit seiner Kraft nicht über sie hinweggeht; und der besondere Respekt der Frau für den Mann, dass sie in ihrer Beziehungskraft den Mann in seinem Drängen nicht allein auf sich gestellt »draußen« lässt.

Phänomenologie der Sexualität

Am Körper des Menschen nehmen die Geschlechtsorgane seine *Mitte* ein, gleichermaßen beim Mann wie bei der Frau. Es hat symbolische Bedeutung, dass Sexualität gerade dort stattfindet, wo die zwei Beine zusammenkommen und sich der eine Rumpf bildet, an diesem Übergang von der Bewegung der Beine zur Statik des Leibes. Man könnte aus diesem Ort das grundlegende Streben der Sexualität nach Einswerden herauslesen.

Sexualität hat ständig das Potenzial, zwischen Subjekthaftigkeit und Zum-Objekt-Machen zu oszillieren.

Das Bild kann metaphorisch weitergeführt werden: Auf zwei Beinen ist die Sexualität angesiedelt, mit einem Bein steht sie in der eigenen *Innerlichkeit* und Intimität. Darum verhüllen wir unsere Sexualorgane und empfinden Scham für sie. Mit dem anderen Bein steht die Sexualität im *Außen*, beim Anderen, auf den sie wesentlich ausgerichtet ist und den sie mit der erotischen Ausstrahlung auch anzusprechen versucht.

Sexualität ist Leben im und mit dem Körper, bedeutet seinen Einsatz im Überlassen an sein Eigenleben. In der Sexualität erleben wir daher unser »Eingefleischtsein« besonders intensiv und lustvoll. Der Bezug zum eigenen Körper, das Leibsein, die *ganzheitliche* Beziehung zwischen Körper, der Psyche und der Person wird in der Sexualität *fühlbar*, wird durch sie auch immer wieder erneuert.

Zugleich sind wir aber nie *nur* Leib. Und was den Leib angeht, *sind* wir nicht nur Leib, sondern *haben* ihn auch als Körper. Merleau-Ponty sah diese doppelte Repräsentanz des Körpers im sexuellen Kontakt mit dem *Anderen* weitergeführt. Weil die Sexualität *zugleich leiblich-durchseelt und objekthaft-versachlichend* ist, kann sie täuschen mit ihrem Janusgesicht, weil sie einmal mehr beziehungsvoll und dann wieder mehr funktional sein kann. So kann Sexualität durch diese Doppeldeutigkeit (»ambiguïté«, Merleau-Ponty) verwirren – und verführen. Sexualität hat ständig das Potenzial, zwischen dieser Subjekthaftigkeit und dem Zum-Objekt-Machen zu oszillieren.

Wie entsteht diese Ich-Nähe der Sexualität?

Zunächst ist festzustellen, dass wir ohne Zweifel in der Sexualität einen gewissen *Automatismus* in der Erregung erleben. Wir machen die Erregung nicht, verstärken oder schwächen sie allenfalls ab. Sie kommt in uns auf – oder eben nicht. Etwas läuft da ab, zu dem wir nicht direkt Zugriff haben. Dem können wir uns zwar ausgeliefert fühlen, besonders wenn sie nicht so mitspielt, wie wir gerne hätten, oder wenn wir der sexuellen Begierde eines anderen ausgesetzt sind, auf die wir uns nicht einlassen wollen. Aber was in uns an Erregung abläuft, wird trotz des allfälligen Gefühls des Ausgeliefertseins als »von mir« – eben als ich-haft – empfunden. Was ist in diesem Erleben enthalten? – Wir können es anhand der Dimensionen der Existenz aufzeigen (Längle 2016).

(1) Im subjektiven Erleben erscheint dieser Automatismus als *tragend*, manchmal als hinwegtragend. Da ist diese Kraft, auf die wir uns wie auf den Rücken eines Pferdes setzen können – sie nimmt uns mit, trägt uns hinein in eine Beziehung. – Dies entspricht der ersten Dimension der Existenz, der ontologischen (»erste existentielle Grundmotivation«).

(2) Wenn wir diese Kraft kommen lassen können, ihrem Aufsteigen Raum geben, dann gibt sich uns der eigene Leib. Es erschließt sich uns eine Fähigkeit, die Kraft steht uns zur Verfügung. In dieser Gelassenheit ist die aufkommende Erregung beglückend, durchströmend, mitreißend. Wir mögen uns in sie hineinbetten, uns in diese Kraft hineinlegen, hineinkuscheln – sie *zieht* uns ohnehin so stark *an*. – Dies entspricht der zweiten Grunddimension der Existenz, jener des Lebensbezugs, der axiologischen Ausrichtung (»zweite existentielle Grundmotivation«).

(3) Wir erleben Sexualität keineswegs nur in ihrem Ereignischarakter, sondern immer auch als etwas, das wir aktiv wollen, wo wir etwas erleben, bekommen, fühlen, geben wollen. Mal erleben wir mehr das eine, das Nehmen, mal mehr das andere, das Geben. Hier kommt die *Freiheit* der Person in der Sexualität durch, die eigene Entscheidung, die sich mit dem psychischen Verlangen und der körperlichen Erregung paart – und sich auftut auf das Erleben des Anderen hin oder mehr im Erleben des Eigenen am Anderen bleibt. – Die dritte Grunddimension der Existenz erfasst das Sosein des Individuums als Person bis hinein in die Ethik (»dritte existentielle Grundmotivation«).

(4) Schließlich erleben wir, wie Sexualität im Miteinander aufgeht und etwas *Gemeinsames*

schafft, etwas, das nur den beiden gehört, das ihre Intimität begründet. Wer einmal »etwas mit einer anderen Person hatte«, der hat ein Geheimnis mit ihr, das nur die beiden angeht. Es ist eine Tür für eine Zukunft aufgestoßen, denn immer wenn sie sich wieder begegnen, ist dieses Geheimnis einer bis ins Körperliche vertieften Bezugnahme auf den Anderen zugegen, das Gefühl, sich am Anderen und im Anderen gefühlt zu haben, sich in sich selbst und an sich selbst erlebt zu haben durch den Anderen, ein Miteinander gemeinsam erlebt zu haben. Da ist diese nach außen gekehrte intime Seite des Lebens, die nur einem selbst gehört, aber nicht bei einem bleiben kann, sondern nach außen drängt, im Anderen aufgehen will. Und diese Seite, die paradoxerweise nur einem selbst gehört, aber nicht bei einem bleiben mag, diese Seite hat der Andere erlebt. Das ist das Geheimnis, das man miteinander teilt und fortan miteinander geteilt wird, dieses Geheimnis des Lebens, das Geheimnis des Fruchtbar-werden-Wollens; das Geheimnis einer tiefen Sehnsucht des Lebens, die wir einander offen gezeigt haben und aneinander fühlen konnten. – Darin kommt die vierte Dimension der Existenz zum Vollzug, die des Werdens und des größeren, Sinn vermittelnden Zusammenhangs (»vierte existentielle Grundmotivation«).

Das Erleben der sexuellen Kraft

In der Sexualität schlüpfen wir mit der *ganzen psychischen Kraft in das Gewand des Körpers,* »fleischen uns ein«, füllen ihn aus wie einen Handschuh mit der Hand und bewegen uns in ihm und ihn mit uns. Wir treten vermittels des Körpers an den Anderen heran, nicht mit Worten, nicht mit Gesten allein, sondern ganz Leib und den Leib des Anderen ganz einbeziehend. Dies führt zu einem Erleben von uns selbst (und des Anderen im Fall einer partnerschaftlichen Sexualität), das ganz in der Geborgenheit und im Getragensein des Leibes (der Leiber) stattfindet und den Anderen ebenso in seiner/ihrer Leiblichkeit erleben lässt.

In diesem Ganz-Aufgehen im Körper, in diesem Leibhaftig-Sein, treffen wir auf etwas, das wir als das *»Feuer des Lebens«* bezeichnen könnten. Wir treffen es in uns selbst wie auch beim Anderen an. Wir fühlen jene vitale Kraft, durch die wir sind, die uns gezeugt hat und die uns ein Leben lang trägt. Wir fühlen Leben, fühlen es als Element unseres Daseins, spüren uns ganz auf es bezogen.

Ursprung der sexuellen Anziehungskraft

Die sexuelle Kraft kommt aus dem Somatischen, Psychischen und Personalen. Sexualität ist verdichtetes Erleben der Leibeskraft, die sich auf der psychischen Ebene als Verleiblichung der *Lebenslust,* der Begierde zu leben, niederschlägt. Lust wird – und in einem damit die Sexualität – von manchen Menschen deswegen abgewertet, weil sie primär »egoistisch« ist. Tatsächlich werden auch einige wesentliche Bereiche des Menschseins in der Sexualität nicht gelebt (Dialog, Begegnung, Hingabe an den Anderen und so weiter), wenn es nur um Lust geht. Doch ist andererseits eine Sexualität, die nicht von der Lust getragen wird, ebenso ein Verlust eines wesentlichen Bereiches des Menschseins, durch den das Leben verarmt.

Auf der *personalen Ebene* stammt die Attraktivität der Sexualität aus einer syntonen Haltung zum Leben, aus einem Leben-Wollen, aus einer *Freude am Leben.* Wenn diese Lebenshaltung auf einen anderen Menschen trifft, der dieselbe Haltung teilt, der auch gerne lebt und sich öffnen und geben mag, kann die sexuelle Attraktivität geradezu zum Bann werden. Ein großes Gefallen stellt sich ein, ein Sich-nahe-Fühlen, was besonders stark in der Liebe erlebt wird (darum wird dieses starke sexuelle Gefühl manchmal auch mit Liebe gleichgesetzt). Dieser Bann stammt aus einem Fühlen, dass der Andere erreichbar und zugänglich ist. Die sexuelle Attraktivität steigert sich noch, wenn die eigene, gefühlte Lebensfreude ein Bedürfnis ist, das beim Anderen auf das-

Wir fühlen jene vitale Kraft, durch die wir sind, die uns gezeugt hat und die uns ein Leben lang trägt. Wir fühlen Leben, fühlen es als Element unseres Daseins

selbe Bedürfnis nach Erreicht-Werden trifft. Es stellt sich eine eigene Wellenlänge ein, ein Feld, in dem es funkelt und blitzt wie bei Klimts Gemälde vom Kuss, wo in der beiderseitigen Offenheit die Menschen verschmelzen, sich in eins gießen. Diese Form der Vereinigung ist verbunden mit dem Gefühl, dass wir einander guttun und ebenso uns selbst.

Die Potenziale der Sexualität – was erschließt die Sexualität?

Lassen wir den ideologischen Blick beiseite und schauen wir noch einmal mit einem *phänomenologischen und existenzanalytischen* Blick auf die Sexualität unter besonderer Beachtung der Potenziale, die sie uns erschließt.

(1) Sexualität ist, wie wir schon im Zuge der Ausführungen wiederholt festgestellt haben, aufs engste mit dem Körper verbunden. Es gibt keine Sexualität unter Umgehung des Körpers und seiner Sinne. Sexualität scheint unter anderem diese Funktion zu besitzen: die (eigene wie andere) *Körperbezüglichkeit zu intensivieren* und (den Anderen wie sich selbst) in der physischen Lebensperspektive antreffen zu können.

(2) Sexualität ist durch ihre körperliche Basis immer auch mit *Sinnlichkeit* verbunden, vor allem mit den Nahsinnen wie Tasten, Schmecken, Riechen. Sehen und Hören spielen in der *Erotik*, also in der Anbahnung der Sexualität, eine große Rolle. Diese Sinnlichkeit ist eng an die Lebenslust gekoppelt, ist mit dem Gefühl des Im-Körper-Seins und der Beziehung zu der den Körper beseelen-

Gustav Klimt, Der Kuss, 1907/08 / INTERFOTO / IMAGNO / Austrian Archives

den psychischen Kraft verbunden. Über die Sinnlichkeit bringt uns die Sexualität eine *Erneuerung des Lebensgefühls,* des vitalen Daseins. Dies drängt nach Nähe, nach Einswerdung – beginnend mit der eigenen Leiblichkeit bis hin zur Verschmelzung mit dem Anderen über die Vermittlung beider Körper. Dass dabei ein Oszillieren zwischen Subjektsein und Objektsein immer möglich ist, sei hier nur am Rande nochmals erwähnt.

(3) Sexualität wird auch immer als *Intimität* empfunden. Wir umhüllen sie daher mit *Scham.* Sexualität enthält etwas ganz Eigenes von uns selbst, das dem Partner angeboten wird, und nicht eine Sachlichkeit. Mit diesem Eigenen setzen wir uns aber auch aus, was uns besonders *verletzlich* macht. Sexualität bedarf darum des *Schutzes.* Damit es nicht kalte Mechanismen sein müssen, die den nötigen Schutz bieten, ist eine personale, *liebende Beziehung* der beste Ort, in dem Sexualität eingebettet sein kann. Das Eigene, Intime, dieses sprachlose Lebensgefühl und die tiefe, vielleicht nie aussprechbare Haltung zum Körper, zum Leben, zu sich und zu dem, was werden soll, die in dieser Tiefe eine Mischung aus Bedürftigkeit und Überfluss ist, aus Geschehnis und Wollen, und die uns selbst letztlich ein unerschlossenes, aber immer neu zu erschließendes Geheimnis ist – all das wird in der Sexualität gelebt, gegeben, gezeigt. Der Andere weiß nun darum, hat es am eigenen Leib gefühlt, hat diese Intensität zu fühlen bekommen, seinen Charakter, seinen Geruch. Es bildet fortan ein *Geheimnis der beiden.* Sie hatten sich die Möglichkeit gegeben, sich darin zu erkennen, und sie erkannten, »dass sie nackt waren«, wie es in der Bibel archaisch heißt. Ein »Geheimnis« ist es, denn dieses Zeigen galt nicht jedermann, sondern hatte einen *Adressaten:* der Mensch, dem man sich hingegeben hat, und darum gehört es nur den beiden.

(4) An die Sexualität ist die Möglichkeit der *Fortpflanzung* gebunden. Was hat das zu bedeuten – wie ist das zu verstehen? – Sexualität hat in ihrem Wesen das Potenzial, *fruchtbar* zu werden. Sie ist *offen für Neues,* kann etwas zeugen, das es vorher nicht gegeben hat; etwas, das nur aus dem Zusammenspiel mit einem anderen entstehen kann. Sind es anfangs diese oben genannten Punkte, weitet sich das Spektrum in der Dauer der sexuellen Beziehung. So öffnet sich die Dyade wieder auf etwas Drittes hin, klassischerweise auf ein Kind. In diesem Dritten übersteigen sich beide und geben sich auch schon wieder ab an das, was durch sie werden kann. Eine neue Schicht des Lebens pflanzt sich auf die alte auf. Diese wesenhafte Fruchtbarkeit der Sexualität findet sich auch in der Homosexualität oder bei Paaren, die keine Kinder bekommen können. Auch da ist die Tendenz wahrzunehmen, dass sich diese Paare gemeinsam auf etwas Drittes hin öffnen, worin beide aufgehen können: in einer gemeinsamen Idee, in der Kunst, im Sport, im Sozialen und so weiter.

In der Sexualität *drängt das Leben zur Existenz.* – Sexualität will gepflegt werden, denn sie enthält einen Schatz. Sexualität will verstanden werden, weil sie zerstören kann. Sexualität will entgegengenommen werden, weil das Leben sie braucht.

Alfried Längle, Universitätsprofessor Dr. med., Dr. phil. Honorarprofessor, DDr. h. c., Arzt für Allgemeinmedizin und Psychotherapeutische Medizin, Medizin, Klinischer Psychologe, Psychotherapeut, Lehrtherapeut (GLE). Er ist ao. Professor an der Psychologischen Fakultät der HSE-Universität Moskau, Gastprofessor an der Sigmund-Freud-Universität Wien und in eigener psychotherapeutischer Praxis in Wien tätig.
E-Mail: alfried.laengle@existenzanalyse.org

Literatur

Längle, A. (2016). Existenzanalyse. Existentielle Zugänge der Psychotherapie. Wien.
Marcel, G. (1954). Sein und haben. Paderborn.
Merleau-Ponty, M. (1966). Phänomenologie der Wahrnehmung. Berlin.

Anmerkung

1 Auszüge aus dem Artikel »Körperlust und Geist – Ist das Verhältnis des Menschen zur Existenz sexuell?« erschienen in: Existenzanalyse. Zeitschrift der Internationalen Gesellschaft für Logotherapie und Existenzanalyse, 1/2007, S. 33–41.

»Lustige« Witwen?
Vom Umgang mit Trauer im Musiktheater

Thorsten Klein und Felix Grützner

Auf der Opern- und Operettenbühne finden Edelnutten, Kriegsheimkehrer und junge Witwen Umgangsstrategien mit Krankheit, Leid und Trauer

> »Immer nur lächeln und immer vergnügt,
> Immer zufrieden, wie's immer sich fügt.
> Lächeln trotz Weh und tausend Schmerzen,
> Doch wie's da drin aussieht, geht niemand etwas an.«
> (Prinz Sou-Chong, »Das Land des Lächelns«, 1929)

In Franz Lehárs Operette »Das Land des Lächelns« von 1929 verbirgt der hoffnungslos verliebte Prinz Sou-Chong seine innere Not hinter einer undurchdringlichen Maske der gesellschaftlichen Konvention der stets heiteren Miene. Anders als die übrigen Charaktere des Bühnengeschehens kann das Publikum im Saal direkt in sein Herz schauen. Seine berühmte Arie ist ein innerer Monolog, der poetische Worte und berührende Töne für die leidvoll empfundene Situation des Protagonisten findet. Auf der Bühne des Musiktheaters wird – wie im »richtigen« Leben – gelebt, geliebt, gelitten und gestorben.

Die Bühnenhandlung erstreckt sich in der Regel über einen fest umrissenen Zeitraum und die Zuschauer erleben eine oder mehrere Szenen aus dem Leben der Hauptpersonen. Diese haben ein Vorleben, eine Vorgeschichte. Der Musicalkomponist Stephen Sondheim soll es einmal so beschrieben haben: »Die Figuren stehen mit einem Bein in der Vergangenheit und mit einem in ihrer Gegenwart.« Dem Blick zurück auf vergangene frohe oder traurige Tage begegnen wir in der Mehrzahl musiktheatralischer Geschichten. Schließt das Stück mit einem Happy End, beginnt eine glückliche Lebenszeit für die fiktiven Bühnenfiguren, die wir als Zuschauer freilich nur erahnen oder erträumen dürfen. Am Ende der Bühnenhandlung können allerdings auch Tod und Untergang stehen, die manchmal einen Neuanfang erahnen lassen, wie beispielsweise in Mozarts »Don Giovanni«, wo nach Tod und Höllenfahrt des Protagonisten das Leben für seinen Diener Leporello wie für Donna Elvira, Donna Anna und Don Ottavio weitergeht. In Richard Wagners »Götterdämmerung« kann nach dem Tod Siegfrieds, Brünnhildes und Hagens sowie dem Untergang der Götter aus dem Weltenbrand eine neue Welt entstehen, die der strahlende Schluss der Oper musikalisch ausmalt. Und das Publikum darf auch nach einem tragischen Stück einen Funken Hoffnung mit nach Hause tragen: Tod und Untergang sind (vielleicht) doch nicht das Ende.

Menschen auf der Bühne des Musiktheaters suchen und finden im Handlungsverlauf immer wieder Umgangsstrategien und Auswege aus Krisensituationen, Leid und Trauer. Ihr Erleben und ihr Verhalten in schweren Zeiten sind Identifikationsmöglichkeit und »Role-Model« zugleich. Die folgenden drei markanten Beispiele können verdeutlichen, wie auf den »Brettern, die die Welt bedeuten«, beispielhaft mehr oder weniger gelingende Coping-Strategien (Coping = engl. für Umgang) vorgelebt werden: Eine Edelprostituierte betäubt die Angst vor ihrer lebensbedrohlichen Erkrankung in Lust und Genusssucht, ein traumatisierter Kriegsheimkehrer folgt wie besessen seiner fixen Idee von der großen Liebe, eine junge Witwe führt Gespräche mit ihrem verstorbenen Ehemann und bittet ihn um die Erlaubnis, sich neu zu binden.

Violetta Valery: Lust als Rettungsanker

*»Ich stürze mich ins Vergnügen,
mit dieser Medizin vertreibe ich die
Schmerzen!«
(Violetta Valery in »La Traviata«, 1853)*

Ein von unzähligen Kerzen erleuchteter Saal in Paris, um die Mitte des 19. Jahrhunderts. An den Wänden kostbare Gobelins und vergoldete Spiegel, die den Glanz einer illustren Gesellschaft zurückwerfen. Der Duft von Parfum und edlen Speisen erfüllt die Räume, kostbare Roben rauschen über das glänzende Parkett, Seide knistert, Korken knallen und schließlich erklingt Musik. Im Zentrum des Festes steht eine junge Frau auf dem Zenit ihrer Schönheit: Violetta Valery. Sie schillert und fasziniert. Sie ist eine Frau mit Vergangenheit. Ihre Reputation ist zweifelhaft und ihre Profession anrüchig. Sie ist eine Kurtisane (heute würde man vielleicht sagen: First-Class-Escort-Lady). Sie ist verführerisch; geschaffen, andere vom rechten Weg abzubringen. An diesem Abend verliert sie sich selbst für einen etwas zu langen Moment in den Augen eines jungen Mannes aus gutem Hause. Ein Trinklied erklingt, sie stimmt ein und eröffnet einen erotischen Reigen, in dem sie straucheln und fallen wird. Lange kann ihr perfektes Make-up ihre tödliche Krankheit nicht verbergen. Sie ist La Traviata, die vom rechten Weg Abgekommene (ital. traviare = vom Weg abkommen, entgleisen).

Oper Dortmund, La Traviata, Eleonore Marguerre, Chor der Oper Dortmund, Foto: Thomas Jauk

Violetta Valery leidet an Tuberkulose, die zum Zeitpunkt der Handlung (Mitte des 19. Jahrhunderts) nicht heilbar ist. Obwohl sie sich in einem fortgeschrittenen Krankheitsstadium befindet, lebt sie so, als wäre sie vollkommen gesund. Mit vollem Bewusstsein und mit Leidenschaft ignoriert sie die lebensbedrohliche Erkrankung. Hierfür können wir unterschiedliche Gründe ausmachen. Ihren Lebensunterhalt bestreitet sie damit, reichen Männern Gefährtin und Geliebte zu sein – gegen finanzielle Leistungen. Ihr makelloses Aussehen und ihr intakter Körper sind hierfür wesentliche Erfolgsfaktoren. Nur der leiseste Verdacht einer infektiösen Erkrankung würde ihren wirtschaftlichen Ruin bedeuten. Der Wert einer Kurtisane bemisst sich nach ihrem Aussehen, ihren Kontakten und nicht zuletzt in unversehrter Gesundheit. So muss sie ihren wahren Zustand in der Öffentlichkeit verbergen und beispielsweise einen kleinen Schwächeanfall bei der ersten Begegnung mit Alfredo Germont als Bagatelle abtun. Doch sie setzt zugleich alles daran, auch sich selbst über das Fortschreiten der Erkrankung hinwegzutäuschen. Ihr Ausweg: »di voluttà ne vortici perir!« – »im Strudel der Lust untergehen!« Sie genießt das Leben in der Gesellschaft und die leidenschaftliche Zuneigung ihrer zahlenden Liebhaber, sucht Vergessen im luxuriösen Leben und in sexuellen Abenteuern. Diese Suche nach Glück im Amüsement ist für sie auch ein realpragmatisches Unterfangen, denn die meisten potenziellen Kunden und Verehrer trifft man im Nachtleben.

Diese bis zur Begegnung mit Alfredo gut funktionierende Umgangsstrategie mit ihrer Angst vor Siechtum und Tod gerät ins Wanken. Die aufrichtigen und auf eine echte wie langfristige Bindung abzielenden Gefühle des jungen Mannes vom Land dringen störend und verstörend in Violettas bisherige Lebenswelt ein. Die Beharrlichkeit Alfredos stellt ihr System der Verdrängung durch Rausch in Frage. Sie wird gleichsam unsanft wachgerüttelt: Ein echtes oder vielleicht besser tiefer gehendes Gefühl lässt Violetta ungewollt innehalten. Die von Alfredo beschworene »ewige« Liebe muss Violetta zunächst mit Vehemenz zurückweisen, denn diese neu aufscheinende Lebensperspektive lenkt ihren Blick auf ihre Erkrankung und ihre begrenzte Lebenszeit. Musikalisch und sängerisch versucht sie, die Bedrohung durch eine echte Liebesbeziehung fast hysterisch »wegzuschreien«: »Eine ernsthafte Liebe? Wahnsinn!« Es wird ihr jedoch nicht gelingen, dem zu widerstehen, und die Zuschauer erleben Violetta im 2. Akt glücklich vereint mit Alfredo auf dem Land, fernab ihres früheren Lebens. Der Rückzug ins Private ist das versuchte Realisieren eines erträumten Idealzustands von Liebe und Harmonie. Nach einem kurzen »Erwachen« aus der früheren Illusion hat sie sich in den nächsten Traum gestürzt: Liebe, Zärtlichkeit und Sexualität, diesmal in einer vermeintlich wahrhaftigen Beziehung. Aber auch darin bleiben Illusionen, denn sie verschweigt Alfredo nach wie vor ihre Erkrankung.

Violettas Strategie ist die Verdrängung, das Nicht-wahr-haben-Wollen. Wir kennen im wahren Leben Menschen, die ähnlich mit schwerer Krankheit, dem nahen Tod oder einer Verlusterfahrung umgehen. Auch kennen wir den Impuls, den ein solches Verhalten in uns als beruflich oder privat nahestehende Menschen auslöst: »Schau hin! Setz dich mit der Realität auseinander!« Wir wissen, dass solche Ratschläge (!) wenig hilfreich sind, ist doch für manche Menschen die Illusion der Rettungsanker in haltloser Zeit. Hier kann es hilfreich sein, Elias Canettis Ausspruch gut zu verinnerlichen: »Versuche niemand, ihnen ihre Masken herunterzureißen, es sind ihre Gesichter!« (Canetti 1960).

Violettas Glück ist von kurzer Dauer. Für einen Sohn aus gutem Haus ist eine Kurtisane zwar eine geduldete (und kostspielige) Episode, aber keinesfalls eine »standesgemäße« dauerhafte Verbindung. Zugunsten von Alfredos Schwester, deren Ruf gefährdet wäre, und auf Drängen des Vaters der beiden verzichtet Violetta auf ihre Beziehung zu Alfredo. Ihr Versuch, ins frühere Leben zurückzukehren, scheitert, die Krankheit fordert ihr Recht und Violetta wird – inzwischen völlig isoliert – ihren immer noch geliebten Alfredo erst auf dem Sterbebett wiedersehen. Sie stirbt in seinen Armen.

Stefan Koltay: Kriegstrauma und die ferne Geliebte

»Du warst der Stern meiner Nacht.«
(Stefan Koltay in »Viktoria und ihr Husar«, 1930)

Der mondäne Ballroom in der britischen Botschaft in Sankt Petersburg. Das Territorium ist exterritorial und das Eis dünn, auf dem die illustre Gesellschaft tanzt. Die Atmosphäre ist ebenso gediegen wie ausgelassen. Man trägt Frack und Abendkleid, trinkt hochprozentig und flirtet auf Hochtouren. Dazu intoniert die Jazzband den neuesten Schlager: »Mausi, süß warst du heute Nacht.« Die Tanzfläche füllt sich, eine quäkende Stimme plärrt ins Mikrofon: »Bis früh um acht hab'n wir ge…« und lacht bizarr. Der Tanz wird grotesk und steigert sich zur Ekstase. Ein Fenster klirrt, Scherben fliegen in den Raum. Die gläserne Tür zum Ballsaal wurde gewaltsam aufgestoßen. Eine russische Patrouille erscheint und fordert die Auslieferung eines ungarischen Rittmeisters, der per Haftbefehl gesucht wird und dessen Todesurteil zur Vollstreckung aussteht. Der Botschafter protestiert. Da löst sich ein Mann zaghaft aus der Menge, gibt sich zu erkennen und wird abgeführt.

Nach einer Opernfigur soll nun ein Operetten-(anti)held im Fokus stehen. Der Husarenrittmeister Stefan Koltay ist kein strahlender Bonvivant, kein listiger Salonlöwe oder romantischer Frauenversteher, sondern ein zu tiefst traumatisierter Soldat. Wir sehen am Beginn der Operette, wie er nur knapp seiner eigenen Hinrichtung in russischer Kriegsgefangenschaft entgeht und nach abenteuerlicher Flucht durch Zufall seine ehemalige Verlobte Viktoria in Japan wiedertrifft. Sie ist mittlerweile mit einem britischen Diplomaten verheiratet. Um jeden Preis versucht Stefan, seine ehemalige Geliebte zurückzugewinnen – mit autoaggressiven und selbstzerstörerischen Folgen: Er reist in der Entourage der britischen Botschaft und liefert sich selbst den Russen aus, die seine wahre Identität aufgedeckt haben. Wie bei den meisten Operetten ist die Handlung (besonders beim Lesen) verworren und unglaubwürdig – ähnlich wie manche realen Biografien. Anders jedoch als im wahren Leben werden auf der Operettenbühne Höhen und Tiefen von heiterer und beschwingter Musik, lebendigen Tänzen, romantischen Liedern oder satirischen Songs begleitet, verstärkt, kommentiert oder relativiert.

Der Husar hat eine Vorgeschichte, die geprägt ist von schwerwiegenden Verlusterfahrungen. Da ist zunächst der schmerzvolle Abschied von seiner Geliebten Viktoria zu Beginn des Krieges, dann die Horrorszenarien während des Krieges im Wechsel von Schlachtfeld und Gefangenschaft.

Viktoria und ihr Husar: Alexandra Reinprecht (Gräfin Viktoria), Daniel Prohaska (Stefan Koltay)
© Christian POGO Zach

Stefan klammert sich fest an das, was er verloren hat. Das romantische Ideal der »fernen Geliebten«, die er mit aller Energie sucht, wird hier zur Überlebensstrategie. Träumte sich Violetta in eine unbeschwerte Zukunft, so sucht der Husar Halt und Hoffnung in der Vergangenheitsorientierung, im Festhalten am Verlust. Sein Lebensgefüge gerät ins Wanken und zerbricht, als er sie an der Seite eines anderen sieht. Identitätsverlust, Ängste und Depression, die er mit seiner Suche nach dem verlorenen Gluck überdecken konnte, brechen nun auf.

Die Operette »Viktoria und ihr Husar« spiegelt die kollektive Verlusterfahrung einer ganzen Generation wider: Der Erste Weltkrieg hat bis weit ins 20. Jahrhundert hinein körperliche und seelische Wunden in der deutschen Gesellschaft hinterlassen. Die Weltwirtschaftskrise brachte breiten Bevölkerungsschichten Statusverlust, Verarmung und ein hohes Maß an Verunsicherung. Der große Erfolg der Operette basiert möglicherweise gerade auf dieser Identifikationsmöglichkeit mit der männlichen Titelfigur. Das individuelle Schicksal wird zum Spiegel einer zutiefst traumatisierten Gesellschaft. Im Besuch der Operette stürzt sich das Publikum selbst in ein zeitlich begrenztes, durch »reine« Anschauung nur mittelbar, eben zuschauend, erlebtes Vergnügen, in Frivolität, in sittliche und moralische Freiheit. Das Rauschhaft-Sinnliche des Bühnengeschehens mit Licht, Kostümen, Tänzerinnen und Tänzern, Musik verhilft den Menschen zu ein paar Stunden Leichtigkeit und Vergessen – selbst wenn die Geschichte des Husaren abgrundtief traurig ist.

Ein Stück weit ist es das Genre Operette selbst, das – neben unterhaltsam verpackter und oft harter Gesellschaftskritik – ein gutes »Rauschmittel« abgibt. Was sich hier wie auch schon in den Operetten der 1920er Jahre abzeichnet, ist im Grunde eine kollektivierte Violetta-Strategie: »Ich stürze mich ins Vergnügen, mit dieser Medizin vertreibe ich die Schmerzen!« Oder ich vertreibe vorübergehend jeden Gedanken an die aktuelle ökonomische, politische und gesellschaftliche Lage und den drohenden gesellschaftlichen Niedergang.

Stefan Koltay wird im Übrigen ein Happy End erleben. Nach reichlichen Verwicklungen kann er seine inzwischen geschiedene Viktoria doch noch heiraten – und wenn sie nicht gestorben sind …

Dolly Levi: Lebenslust und Integration

»Tomorrow will be brighter
then the good old days!«
(Dolly Levi in »Hello Dolly«, 1964)

Ein belebter Vorstadtbahnhof in der amerikanischen Provinz. Eine Mittvierzigerin steht am Ticketschalter und kauft sich eine Fahrkarte nach New York: Dolly Levi. Sie ist quirlig, geschäftstüchtig und eine im wahrsten Sinne lustige Witwe. Als personifiziertes und wandelndes Organisationstalent arrangiert sie alles und jeden: Gartenpartys, Wohnungseinrichtungen, Blumenbouquets, Börsengeschäfte und Herzensangelegenheiten – vornehmlich diejenigen anderer Leute. Sie ist Heiratsvermittlerin. Nach New York fährt sie allerdings, um ihr eigenes Privatleben aufzumöbeln. Ihr Ziel ist es, mit dem knausrigen Halbmillionär Horace Vandergelder eine ebenso amouröse wie geschäftliche Verbindung einzugehen. Dieser jedoch gehört zu den Menschen, die man zu ihrem Glück, vielleicht nicht gerade zwingen, aber möglicherweise doch mit sanfter Gewalt drängen muss. Das ist eine von Dollys Spezialitäten. Also spinnt sie mittels einer Modistin und ihrer Angestellten, Vandergelders überforderten und liebestollen Lehrjungen und dem Oberkellner eines New Yorker Nobelrestaurants, ein ebenso aberwitziges wie unübersichtliches Intrigennetz. Am Ende bringt sie nicht nur sich selbst, sondern alle Beteiligten unter die Haube. Einzig der Oberkellner bleibt Single …

Dolly Levi ist keine »lustige Witwe« wie jene, die der berühmten Operette von Franz Lehár den Titel gegeben hat und die sich mit dem Vermögen des verstorbenen Gatten amüsiert. Dolly ist eine dem Wortsinn nach selbst und ständig arbeitende Geschäftsfrau. Ihre Pläne setzt sie um, zielstrebig und geradlinig. Mit der gleichen Strategie verfolgt sie das Ziel ihrer eigenen Heiratspläne mit dem biederen Geschäftsmann aus der Provinz.

Dolly erscheint quirlig, souverän, bis hin zur Rastlosigkeit. Sie wirkt wie eine klassische potenzielle Burn-out-Kandidatin, die sich keine Pause gönnt und stets gute Laune versprüht. Damit zeigt sie eine von zahlreichen »typischen« Verhaltensweisen in Trauer: sich in Aktivität stürzen, nicht anhalten, damit man die Leere oder den Verlust nicht spürt.

Ihre vordergründige Strategie bei der Bewältigung des Alltags scheinen Witz und Humor zu sein. Nur diese Seite ihrer Persönlichkeit erleben die Bühnenfiguren rings um sie herum. Die Zuschauer hingegen lernen Dollys anderes Gesicht kennen, das einer in Spiritualität lebenden Frau. Die Zuschauer erleben Dolly allein auf der Bühne und im »Zwiegespräch« mit ihrem verstorbenen Mann Ephraim. Es wird sofort deutlich, dass diese Gespräche für sie alltägliche Praxis sind und dass in ihnen all das zur Sprache kommt, was sie der Öffentlichkeit nicht preisgibt: ihre Einsamkeit, ihre Sehnsucht nach dem verstorbenen Mann, ihr Wunsch nach einer neuen Beziehung. Diese Gespräche sind Momente der inneren Einkehr und der Rückschau. Sie lebt mit dem Vergangenen und findet zugleich einen Weg, es in die Gegenwart zu integrieren. Sie gibt ihren Gatten nicht auf, verlässt ihn nicht, und ihre Beziehung lebt weiter, auch als ein neuer Mann in ihr Leben tritt. Dolly: »Es wird niemals so sein wie mit dir, Ephraim!« Und sie bittet ihn um ein Zeichen, dass sie als »Freigabe« oder Zustimmung zu einer neuen Bindung verstehen darf. Als Vandergelder die Fensterläden seines Kontors grün streichen

Deutsche Erstaufführung der musikalischen Komödie »Hello Dolly« im Düsseldorfer Schauspielhaus
© Pressebild-Verlag Schirner/Deutsches Historisches Museum, Berlin

lässt, nimmt Dolly dies als das erwartete Signal aus dem Jenseits: »Danke, Ephraim!«, seufzt Dolly und erklärt Vandergelder, dass sie bereit ist, seine Frau zu werden. Die neue Beziehung wird so etwas wie ein geduldetes Verhältnis. Da die Beziehung zu ihrem verstorbenen Ehemann Körperlichkeit nicht mehr erlaubt, holt sich Dolly die Genehmigung zu einer pragmatischen »Lösung«: Dolly Levi ist die echte »lustige« Witwe!

Sie ist nicht allein auf das Vergangene fixiert wie der Husar Stefan. Sie flüchtet auch nicht, wie die Kurtisane Violetta, in Vergnügen und Vergessen. Sie gestaltet die Gegenwart und eröffnet sich damit eine Zukunft – ohne auf der anderen Seite mit ihrer Vergangenheit brechen zu müssen. Während ihrer Ehe waren sie und ihr Mann eine feste Größe im Nachtleben von New York. Nach dem Tod ihres Gatten mied sie dies. Die Rückeroberung dieses Terrains von Feiern und Ausgelassenheit im Verlauf der Musicalhandlung kann als Vorstufe zur Eroberung ihrer neuen Liebe verstanden werden. Dolly gelingt, was als eine mögliche Traueraufgabe verstanden werden kann: Der Verstorbene erhält einen neuen Platz im Leben, das so wieder an Fülle gewinnen kann.

Diese drei Beispiele aus der Welt des Musiktheaters ermöglichen die Begegnung und Auseinandersetzung mit individuellen Umgangsstrategien angesichts von Krankheit, Leid oder Trauer. Die Bühnenfiguren bilden in ihren Handlungen bekannte Verhaltensweisen aus dem realen Leben ab. Für die Menschen an der Seite schwer erkrankter, traumatisierter oder trauernder Menschen können sie Verständnis wachsen lassen und Motivation zur Suche einer angemessenen Haltung sein. Dort, wo Menschen die Augen verschließen (Violetta) oder von einer fixen Idee besessen (Stefan) sind, braucht es vielleicht Präsenz statt Ratschläge oder Geduld statt Aktionismus. Das Beispiel der Dolly Levi hingegen kann verdeutlichen, wie Trauerprozesse sich integrativ und lebensvoll entwickeln können – ganz ohne Zutun von außen, sondern aus der manchen Menschen geschenkten inneren Wi(e)derstandskraft heraus. Der Besuch einer Opern-, Operetten- oder Musicalvorstellung kann indes auch für die Betroffenen selbst hilfreich sein – als wirksame und erholsame Ablenkung wie als Möglichkeit, sich Lebensfülle Stück für Stück zurückzuerobern.

Thorsten Klein ist Musikwissenschaftler und Sänger. Als freischaffender Autor und Sprecher war er für den Westdeutschen Rundfunk in Köln tätig und als Operndramaturg an den Wuppertaler Bühnen. Derzeit ist er als Schauspieler am Theater Pforzheim engagiert.
E-Mail: Thorsten.Klein1@gmx.de

Dr. phil. **Felix Grützner** ist Tänzer, Choreograf und Kunsthistoriker. Er gestaltet als »Lebenstänzer« Gottesdienste und Trauerfeiern tänzerisch mit. Er arbeitet bei ALPHA (Ansprechstellen im Land NRW zur Palliativversorgung, Hospizarbeit und Angehörigenbegleitung) in Bonn, ist Kursleiter für Palliative Care und wissenschaftlicher Mitarbeiter am Lehrstuhl für Palliativmedizin der Universität Bonn.
E-Mail: gruetzner@lebenstaenzer.de

Quellen

Das Land des Lächelns
Romantische Operette in 3 Akten
Text: Ludwig Herzl und Fritz Beda-Löhner
Musik: Franz Lehár
Uraufführung: Berlin, 1929

La Traviata
Melodramma in 3 Akten
Text: Francesco Maria Piave nach Alexandre Dumas d. J.
Musik: Giuseppe Verdi
Uraufführung: Venedig, 1853

Viktoria und ihr Husar
Operette in 3 Akten
Text: Emmerich Földes, Alfred Grünwald, Fritz Beda-Löhner
Musik: Paul Abraham
Uraufführung: Leipzig, 1930

Hello, Dolly!
Musical
Text: Michael Stewart
Musik: Jerry Herman
Uraufführung: New York, 1964

Canetti, E. (1960). Masse und Macht. Hamburg.

Sexuelle Ausbeutung von Kindern und Jugendlichen

Andrea Hofmann

Sexuelle Ausbeutung hat viele Aspekte und ist oft nicht auf den ersten Blick erkennbar. Sexuelle Ausbeutung von Kindern tritt in allen sozialen Schichten auf, unabhängig vom Bildungsniveau und kulturellen Hintergrund. Die Dynamik der sexuellen Ausbeutung ist immer im ungleichen Machtverhältnis zwischen Täter und Opfer sowie im Abhängigkeitsverhältnis, in welchem sich Kinder erwachsenen Personen gegenüber befinden, begründet. Das Kind nimmt sehr genau wahr, dass etwas falsch läuft, es fehlen ihm aber die Worte, um sich ausdrücken zu können. Die Ausbeutung erfolgt zudem häufig ohne physische Gewaltanwendung, ohne sichtbare körperliche Verletzungen. Die psychischen Folgen sind trotzdem gravierend und das Kind kann nicht fassen, was ihm da geschieht, geschweige denn, es verstehen oder darüber sprechen.

Die überwiegende Mehrheit der Opfer sexueller Ausbeutung wird von ihnen nahestehenden Personen ausgebeutet. Es bestehen fast immer Vertrauen, Zuneigung und Abhängigkeit, wenn ein erwachsener Mensch ein Kind auszubeuten beginnt. Der Täter missbraucht das Vertrauen, welches das Kind ihm entgegenbringt. Die Zerstörung des Vertrauens wiegt schwer und wirkt sich tiefgreifend auf das aktuelle und oft auch auf das künftige Leben eines Kindes aus. In der Regel geht mit dem Akt der sexuellen Ausbeutung eine Verpflichtung zur Geheimhaltung einher. Wenn der Täter in der Familie angesiedelt ist, hat das Kind eine emotionale Bindung an ihn, es möchte ihn weiterhin als »lieb« wahrnehmen können, ihn schützen und die Beziehung nicht gefährden. Häufig fühlt sich das Kind für das Wohlergehen der ganzen Familie verantwortlich. Ein Kind kann dem Ansinnen des Täters nie etwas entgegensetzen, weil es von ihm abhängig ist und ihn liebhat. So kommt es, dass Kinder oft nicht Nein sagen, dass sie sich nicht wehren können. Das Kind spricht meistens nicht über das, was ihm angetan wird, bis es den Leidensdruck nicht mehr aushält.

Betroffene Kinder

Es gibt wohl kaum einsamere Wesen als ausgebeutete Kinder. Viele dieser Kinder schieben die Schuld am Geschehen sich selbst zu. Sie leiden zudem unter Loyalitätskonflikten und fühlen sich innerlich hin und her gerissen. Dazu gesellen sich intensive Gefühle von Trauer, Ohnmacht und Hilflosigkeit. Dieses Gefühl von Ohnmacht und Kontrollverlust wirkt sich auf das Kind tief traumatisierend aus. Die Verletzung kann so groß sein, dass Dissoziation, also das Abspalten der Empfindungen, als Überlebensstrategie notwendig wird. In diesem Zusammenhang ist wichtig zu wissen, dass traumatische Erlebnisse im Gehirn nicht verarbeitet, sondern realitätsnah abgespeichert werden. Das bedeutet, dass die traumanahen Empfindungen durch Auslöser real wiedererlebt werden.

Es gibt verschiedene Auffälligkeiten, die Hinweise darauf sein können, dass ein Kind sexuelle Übergriffe erleidet. Dies sind beispielsweise Wesens- und Verhaltensänderungen (Ängstlichkeit, Traurigkeit, Depression, Aggressivität, Albträume, sozialer Rückzug, Distanzlosigkeit, Konzentrationsstörungen, jäher Leistungsabfall etc.). Oder das Kind regrediert, das heißt, es zeigt ein Verhalten, das einer früheren Entwicklungsstufe entspricht. Es nässt beispielsweise plötzlich wieder ein. Die genannten Auffälligkeiten können ein Hinweis darauf sein, dass ein Kind sexuelle Gewalt erlebt. Sie können auch ganz andere Ursachen haben. Wichtig ist, dass die auffälligen Verhaltensweisen des Kindes als Ausdruck von Not verstanden werden.

Erwachsene, welche in der Kindheit betroffen waren

Viele Erwachsene, die in der Kindheit Opfer von sexueller Ausbeutung wurden, beschreiben ähnliche Auswirkungen wie diejenigen, die sich bei Kindern zeigen. Auch Erwachsene spalten Gefühle ab und schaffen es so, Schlimmes zwar mit sich herumzutragen, davon aber wenig oder nichts zu spüren. Viele Personen haben keine (oder nur lückenhafte) Erinnerungen an das Geschehene. Umso belastender werden die Momente erlebt, in denen sie von Schmerzen und Trauergefühlen überwältigt werden.

In sozialen Beziehungen werden die betroffenen Erwachsenen oft mit Spätfolgen konfrontiert. In engen wie auch in weniger engen Beziehungen fällt es Opfern oft schwer, anderen Menschen zu vertrauen oder sie einzuschätzen. Zudem haben

Betroffene ein erhöhtes Risiko, später erneut Opfer von Übergriffen zu werden.

Der Körper wird von den Betroffenen oft als eine von ihnen unabhängige Welt wahrgenommen. Denn nicht nur Gefühle können abgespalten werden, sondern auch Körperempfindungen. Manche Erwachsene sehen sich mit unwillkürlichen körperlichen Reaktionen konfrontiert: mit plötzlicher Übelkeit, Schwitzen, Schlafstörungen etc. Um all dies auszuhalten, nehmen manche betroffene Erwachsene Suchtmittel, entwickeln Essstörungen oder verletzen sich selbst.

Sexuelle Ausbeutung erfolgt häufig in der Familie und die Aufdeckung sexueller Übergriffe innerhalb der Familie bedeutet für diese in der Regel eine Katastrophe. In der Folge kommt es fast immer zu einer Spaltung in der Familie. In der Regel sind es die Opfer, die ausgeschlossen werden, denn die Position vom Täter ist zu mächtig. So kommt es, dass die Betroffenen als unglaubwürdig dargestellt werden.

Wie können betroffene Kinder und Erwachsene unterstützt werden?

Um sich gesund entwickeln zu können, braucht ein Kind eine Umgebung, in der seine Bedürfnisse wahrgenommen und gestillt werden: liebevolle Zuneigung, seelische Nahrung, Sicherheit und Schutz. Wichtig für das Kind ist zudem, dass ihm geglaubt wird. Das betroffene Kind muss immer wieder hören können, dass es keine Schuld trägt und dass das, was ihm widerfahren ist, ein Unrecht ist. Konstante, zuverlässige Bezugspersonen sowie klare Regeln und Grenzen helfen ihm dabei, sich wieder sicherer zu fühlen. Alles, was Sicherheit gibt, tut gut, denn es vermittelt das Gegenteil der durch die sexuelle Ausbeutung ausgelösten Ohnmachtsgefühle. Deshalb ist es für das betroffene Kind enorm wichtig, wieder die Kontrolle zu erlangen, damit es sich nicht mehr so ohnmächtig fühlt. Dem Kind kann Halt und Orientierung gegeben werden, indem die Bezugspersonen die Verantwortung für das weitere Vorgehen übernehmen. Seine Scham- und Schuldgefühle müssen ernst genommen werden, seine Stärken anerkannt und seine Ressourcen gestärkt werden.

Für alle traumatisierten Kinder ist es von zentraler Bedeutung, dass das Alltagsleben nach der

Umberto Boccioni, States of Mind, um 1911 / Bridgeman Images

Alles, was Sicherheit gibt, tut gut, denn es vermittelt dem betroffenen Kind das Gegenteil der durch die sexuelle Ausbeutung ausgelösten Ohnmachtsgefühle.

Aufdeckung der Taten wieder »normal« weitergeht. So wird das Kind nicht ständig an das Erlebte erinnert und den überwältigenden traumanahen Empfindungen ausgeliefert. Die traumatischen Geschehnisse dürfen deshalb auch nicht dauernd thematisiert oder in Anwesenheit der Kinder diskutiert werden.

Empfehlungen der Beratungsstelle CASTAGNA zur Beratung und Begleitung

Diese Empfehlungen gelten sowohl für betroffene Kinder und Jugendliche wie auch für Erwachsene.

- Kontrolle zu ermöglichen, ist der wichtigste Grundsatz im Umgang mit Menschen, die in einem traumatischen Ereignis die Kontrolle über das, was mit ihnen geschieht, verloren haben. Eine betroffene Person soll deshalb sowohl über die Beratungsinhalte, die Bedeutung der Symptome als auch über jeden Schritt, den wir mit ihr zusammen tun möchten, informiert werden.
- Die Grenzen der Betroffenen müssen sorgfältig beachtet und respektiert werden. Die Klientinnen und Klienten bestimmen, welche Angebote sie annehmen wollen. Damit eine Beratung oder Behandlung erfolgreich sein kann, ist äußere Sicherheit nötig, denn ein Mensch, der sich real bedroht fühlt, kann sich psychisch nicht stabilisieren.
- Der wichtigste Teil der Beratung ist die Stabilisierung. Dabei lernen die Betroffenen Techniken und Hilfsmittel kennen, die ihnen helfen, im Hier und Jetzt zu bleiben und nicht mehr von Gefühlen überschwemmt zu werden, die zum Traumaerleben gehören.
- Um Betroffene zu beraten oder zu begleiten, ist es nicht erforderlich, detailliert über die Ereignisse informiert zu werden. Wenn die traumatischen Ereignisse geschildert werden müssen, besteht die Gefahr, dass Betroffene erneut traumatisiert werden. Eine Traumakonfrontation, also das sehr dosierte und sorgfältig strukturierte Bearbeiten von traumatischen Erinnerungen, gehört in die Traumatherapie und darf erst durchgeführt werden, wenn eine betroffene Person psychisch weitgehend stabil ist.
- Reduzieren Sie eine betroffene Person nicht auf ihr Opfersein. Menschen mit Traumatisierungen haben auch Ressourcen. Sie haben Schlimmstes überlebt und das zeugt von einer großen Überlebenskraft. Diese Kraft gilt es zu fördern.
- Jeder Fall ist anders, deshalb gibt es kein einheitliches Vorgehen. Jedoch ist es immer sinnvoll, das weitere Vorgehen sorgfältig zu planen. Die Konfrontation mit diesem Thema löst Betroffenheit aus. Man möchte helfen und handeln und läuft dabei Gefahr, überstürzte Entscheidungen zu treffen. Machen Sie keine Versprechen, welche Sie nicht halten können. Bieten Sie nur so viel an, wie Sie auch wirklich langfristig gewährleisten und aushalten können. Eigene persönliche und berufliche Grenzen gilt es wahrzunehmen, zu akzeptieren und zu wahren. Bei dem Thema der sexuellen Ausbeutung in der Kindheit und Jugend empfiehlt es sich sowohl für die Betroffenen, für die Bezugspersonen wie auch für Fachpersonen, eine spezialisierte Fachstelle hinzuzuziehen.

Andrea Hofmann, Sozialarbeiterin BSc, ist seit mehreren Jahren im Bereich Opferhilfe tätig, aktuell bei der Beratungsstelle »Castagna« in Zürich.

Literatur

Deegener, G. (2006). Erscheinungsformen und Ausmaße von Kindesmisshandlung. Fachwissenschaftliche Analyse. In: Heitermeyer, W.; Schröttle, M. (Hrsg.): Gewalt. Beschreibungen, Analysen, Prävention. Bonn, Bundeszentrale für politische Bildung

Schmid, C. (2012). Sexuelle Übergriffe an Kindern und Jugendlichen in der Schweiz. Formen, Verbreitung, Tatumstände. Zürich, UBS Optimus Foundation. https://www.ubs.com/optimus

»Chaos der Gefühle – auf beiden Seiten« oder eine Geschichte, die man nie vergisst
Tagebuchaufzeichnung einer Palliativschwester

Dorothee Schramm

Heute erhielt ich die dringende Anfrage, mich bei Frau Werner (Name geändert), einer 55-jährigen Patientin mit Bronchialkarzinom, zu melden. Als ich anrief, dachte ich, ich hätte mich verhört. Handelte es sich um Herrn Werner? Oder hatte der Ehemann angerufen? Am Türschild der Wohnungstür stand jedenfalls Petra Werner. Als die Tür geöffnet wurde, sah ich einen Menschen in einer bunten Jogginghose und einem rosa T-Shirt mit einer Blume drauf, der sich als Petra Werner vorstellte. Sie bat mich in die Wohnung, das Gehen fiel ihr schwer. Sie hatte keine Kopfhaare, trug auch weder Perücke noch Tuch; dafür hatte sie eine ausgeprägte Bartbehaarung im Gesicht und Haare auf der Brust. Sie sprach mit einer deutlich tiefen Stimme.

Wir reden über die Erkrankung, die vor einem Jahr aufgetreten war; über die Therapie, die sie überhaupt nicht vertragen und deshalb abgebrochen habe, und die schlechte Prognose. Der Onkologe habe ihr geraten, »ihre Dinge zu regeln«, das habe ihr Angst gemacht. Auf meine Frage nach Familie/Umfeld erzählt sie mir, dass sie zwei Kinder im Alter von 12 und 14 Jahren hat. Seit sechs Jahren sei sie geschieden. Grund sei die Entscheidung gewesen, als Frau zu leben – »mit allem«, das heißt, sie habe sich einer geschlechtsangleichenden Operation vor fünf Jahren unterzogen. Zur Familie habe zeitweise kein Kontakt bestanden, aber eine große Sehnsucht. Außerdem gebe es ein paar Bekannte, die ab und zu nach ihr sehen, Einkäufe erledigen. Ihr Freund, den sie vor zwei Jahren kennenlernte, habe sie mit Beginn der Erkrankung verlassen. Unterstützung durch einen Pflegedienst war bisher nicht erforderlich, und sie äußert große Zweifel, ob sie sich fremden Menschen mit ihrem veränderten Körper zeigen kann. »Ich möchte nicht immer wieder erklären müssen, warum ich aussehe, wie ich aussehe.« Das Thema des veränderten Körperbildes ist damit hier beendet. Frau Werner geht nicht weiter darauf ein. Ich interveniere nicht, obwohl viele Fragen offen geblieben sind.

Im weiteren Verlauf unseres Gesprächs berichtet Frau Werner über zunehmende Schmerzen, Übelkeit, Völlegefühl, Appetitlosigkeit und starke Luftnot. Schon längere Zeit könne sie kaum Tabletten schlucken und bei sich behalten. Das gelte auch für die Hormone, die sie seit der Geschlechtsumwandlung eigentlich dauerhaft einnehmen müsse. »Ich kann einfach nicht mehr!« Ich kläre sie über die Möglichkeiten der ambulanten und stationären Versorgung auf. Sie äußert den Wunsch, auf die Palliativstation aufgenommen zu werden – am liebsten sofort. Aufgrund der akuten Symptomlast und der komplexen Lebenssituation rufe ich auf der Station an, um die Aufnahme zu organisieren. Die diensthabende Schwester fragt mich, ob ein Frauen- oder Männerbett gebraucht werde, und ich antworte im Beisein von Frau Werner: »Bitte bereitet ein Einzelzimmer vor«. Die Kollegin fragt nicht weiter nach; und so bestelle ich einen Krankenwagen, helfe ein paar persönliche Dinge einzupacken und fahre zurück ins Krankenhaus.

Auf der Fahrt allein im Auto geht mir der Besuch noch nach. Ich muss mir eingestehen, dass ich nicht sofort verstanden hatte, was meine Augen wahrnahmen. Das äußere Erscheinungs-

Arturo Martini, Venus of Ports, 1932 / Bridgeman Images

bild von Frau Werner war so eindeutig (wieder) männlich. Vordergründig sah ich einen Menschen in Not und eine häusliche Versorgung schien an diesem Tag unmöglich. Ich fragte mich auch: Habe ich »angemessen« reagiert? Hat Frau Werner wohl an der einen oder anderen Stelle mein Zögern, meine Unsicherheit gespürt? Ich war erleichtert, dass meine Kollegin sich bei unserem Telefonat auf die wenigen Auskünfte von mir eingelassen hatte. Ich wäre nicht imstande gewesen, angemessen das Thema Frauen-/Männerbett anzusprechen. Aber intuitiv kam nur ein Einzelzimmer zur Wahrung ihrer Privatsphäre in Frage. Ich hätte wohl so spontan auch nicht den Mut gehabt, sie selbst zu fragen, was sie sich wünscht.

Im Rahmen des stationären Aufenthalts kann zunächst die Symptomkontrolle soweit verbessert werden, dass Frau Werner schmerzfrei ist. Sie kann den Aufenthalt auf der Palliativstation auch genießen, freut sich an der schönen Einrichtung, der Terrasse, dem Blick in den nahen Wald. Es kam aber auch immer wieder vor, dass jemand ins Zimmer kam und sagte: »Guten Tag, Herr …«, um sich dann für die Unachtsamkeit zu entschuldigen. Zu offensichtlich waren die männliche Stimme und das Äußere. Lächelnd und zugleich traurig sagte sie dann: »Es ist egal, wie Sie mich jetzt ansprechen, meine Zeit ist vorbei. Nennen Sie mich Pet.« Sie erzählt ausführlich aus ihrem Leben, dem als Mann und dem als Frau. In dieser geschützten Atmosphäre sind offene Gespräche über ihre Geschlechtsumwandlung möglich, den Schmerz, das Leid und die Freude. Sie betrauert, dass sie im Verhältnis zu ihrer Lebenszeit nur so wenig Zeit als Frau hatte. Die Exfrau kommt, auch mit den Kindern, jetzt häufiger zu Besuch, ebenso die Mutter von Frau Werner. Auf vielen Ebenen wird Annäherung wieder möglich. Frau Werner verstirbt 14 Tage nach Aufnahme im Beisein ihrer Exfrau.

An die Geschichte von Frau Werner erinnern wir uns auch nach vielen Jahren noch. Wir alle durften viel lernen, auch über »sogenannt Selbstverständliches«. Wie können wir dies alles begleiten, die doppelte Trauer: um den Identitätsverlust durch die Erkrankung und zugleich die geschlechtliche Identität? Wie lauten unsere Fragen? Was ist mit ihrer und unserer Unsicherheit im Umgang mit den körperlichen Veränderungen, den Annäherungen an das Fremde und das Miteinander-vertraut-Werden? Was könnte für uns hilfreich sein, wenn wir mit »Unfasslichem« konfrontiert werden? Vielleicht ist es ein vorsichtiges Sich-miteinander-vertraut-Machen. Wir bieten den Raum, die schützende Atmosphäre, behutsamen Umgang und Offenheit. Und die Ermutigung, Fragen über das Leben zu stellen. Sehr hilfreich ist hier das Team, die multiprofessionelle Kompetenz, um diese Ermutigung auch für uns zu bekommen. Für diese Familie brauchte es vor allem auch die Ermutigung, die Kinder zu integrieren, die Exfrau dabei zu begleiten. Dies alles erfordert die Bereitschaft, sich auf die Bedürfnisse der Patientin Frau Werner einzulassen – eigentlich nichts Besonderes und dennoch besonders, einzigartig.

Dorothee Schramm ist Krankenschwester und arbeitet als Palliative-Care-Schwester im Zentrum für Palliativmedizin am Malteser Krankenhaus »Seliger Gerhard« Bonn/Rhein-Sieg.
E-Mail: Dorothee.Schramm@malteser.org

Das Gespräch »über die schönste Nebensache der Welt«

Christina Gerlach

»HERR, du nahmst mir die Kraft, nimm mir auch die Gedanken!«, lachte Herr Becker* auf meine Frage, ob er sich in der letzten Woche Gedanken um sein Sexualleben gemacht habe. – »Ja, das gehört doch zum Leben dazu!«, und nun ist es Frau Schwarz*, die mir Fragen stellt, eine ganze Menge Fragen. – »Ach wissen Sie, damit ist es ganz komisch.« Frau Müller* hat den ganzen Bauch voller Tumor, und nicht nur das. »Ihnen kann ich es ja erzählen, Sie sind Ärztin.«

Wir sprechen über die schönste Nebensache der Welt. Alle Patientinnen und Patienten und Angehörige sagen dasselbe: »Das finde ich aber gut, das hat noch niemand gefragt«, die schönste eben. Keiner ist beleidigt oder findet das unanständig. Dabei sind alle Altersgruppen vertreten.

Wir fragen Patienten nach ihrem Stuhlgang, routiniert. Die Therapie, Medikamente können Nebenwirkungen haben, die den Stuhlgang beeinträchtigen. Das kann extrem unangenehm für Patienten sein. Und Sex? Das empfinden wir als privat, zu privat? Oder sind wir einfach so erzogen: »das fragt man nicht«? Natürlich ist das kein Visitengespräch. Sexualität ist nicht nur ein intimes Thema, es ist ein zu wichtiges Thema für eine Routinefrage. Es braucht die Intimität, die Vertraulichkeit des Arzt-Patient-Gesprächs. Patientinnen und Patienten wünschen sich, dass sexuelle Lebensqualität angesprochen wird (Vitrano et al. 2011; Taylor 2014; Lemieux et al. 2004), und sie haben die Erwartung, dass dies auf professionelle Art und Weise von einem kompetenten Gesprächspartner ausgeht (Vitrano et al. 2011). Frau Schwarz wollte vor ihrer Blutstammzelltransplantation wissen, was sie und ihr Mann bezüglich ihres Sexualverhaltens während der verschiedenen Behandlungsphasen zu beachten haben. Sie ist eine Frau Mitte fünfzig, eine Patientin, die nachfragt. Aber wie viele tun das nicht? Davon auszugehen, dass Patienten das Thema von sich aus aufgreifen, grenzt an eine Zumutung – »Haben Sie sonst noch Fragen?«. Wir fragen nicht.

Was hängt nicht alles an der Sexualität: Reproduktion gehört zu den Zeichen des Lebendigen, das lernen die Kinder in der Schule. Die eheliche und ehegleiche Partnerschaft hat das Ehevollziehen als definitorischen Bestandteil. Berühren und Berührtwerden werden bestimmt nicht weniger wichtig, wenn sich der Körper durch schwere Krankheit verändert. Sexuelle Aktivität kann eine Ausdrucksform des Lebendigen sein, ein bisschen Normalität in Zeiten existenzieller Bedrohung durch eine ernste Erkrankung – nicht nur für die Betroffenen, sondern auch für ihre Partner (Lindau et al. 2011).

Oft verbieten wir es, das Berühren. Aber wir fragen selten nach den Folgen. Die Therapie ist wichtiger, Heilung, wenigstens auf Zeit. Das Infektionsrisiko, Blutungsgefahr und andere Komplikationen werden in Kauf genommen. Kein Zweifel. Nichtsdestoweniger gehören für die Mehrheit der Patienten Beeinträchtigungen des Sexuallebens zu den wichtigen Symptomen und Komplikationen schwerer Erkrankungen (Vitrano et al. 2011; Hoekstra et al. 2012; Lemieux et al. 2004; Taylor 2014). Wir sollten uns angewöhnen, den sexuellen Konsequenzen von Krankheit und Therapie Aufmerksamkeit zu schenken. Vielleicht routiniert, auf jeden Fall sensibel. Wer bin ich, zu beurteilen, ob das Lebensthema Sexualität wichtig für eine Patientin oder einen Patienten ist? Wer bin ich, zu beurteilen, ob es mehr oder weniger wichtig ist als zum Beispiel Schmerzen, Atemnot oder Stuhlgang?

»Wenn Sie die Frage lieber nicht beantworten möchten, ist das völlig okay. Ich habe nur die Erfahrung gemacht, dass viele Patienten darüber sprechen möchten, unabhängig davon, ob sie zurzeit sexuell aktiv sind. Machen Sie sich Gedanken über Ihr Sexualleben?« – Das Schlimmste, was passieren kann, ist, dass ich selbst verlegen werde; wessen Problem ist das?

Dagegen können das Aufrechterhalten der Verbindung in der Paarbeziehung, die Identität in der Rolle, Leid lindern. »Ich kann mit meiner Frau drüber reden. Sie hat viel Verständnis«, berichtet Herr Becker über seine vorübergehende Einschränkung, sich als ganzer Mann zu fühlen.

Sexualität ist nicht nur ein körperlicher Akt oder Verhalten. Ob es Herrn Becker tröstet? Die WHO (World Health Organization) verdeutlicht es: Sexuelle Gesundheit wird in Ergänzung zum Sexualverhalten durch Gedanken und Gefühle erlebt. »Das wird wieder, ich merk's schon!«

* Alle Namen wurden geändert.

Dr. med. **Christina Gerlach** MSc ist Ärztin und arbeitet an der Universitätsmedizin Mainz und im Mainzer Hospiz. Ihr Forschungsschwerpunkt liegt in der Integration palliativmedizinischer Versorgung von Patientinnen und Patienten und ihren Familien. Sie unterrichtet Medizinstudierende im Querschnittsbereich Palliativmedizin und Gesprächsführung und ist in der außeruniversitären Aus- und Weiterbildung aktiv.

Literatur

Gleeson, A.; Hazell, E. (2017). Sexual well-being in cancer and palliative care: an assessment of healthcare professionals' current practice and training needs. In: BMJ Supportive and Palliative Care, 7, S. 251–254.

Hoekstra, T.; Lesman-Leegte, I.; Luttik, M. L.; Sanderman, R.; van Veldhuisen, D. J.; Jaarsma, T. (2012). Sexual problems in elderly male and female patients with heart failure. In: Heart, 98, S. 1647–1652.

Lemieux, L.; Kaiser, S.; Pereira, J.; Meadows, L. M. (2004). Sexuality in palliative care: patient perspectives. In: Palliative Medicine, 18, S. 630–637.

Lindau, S. T.; Surawska, H.; Paice, J.; Baron, S. R. (2011). Communication about sexuality and intimacy in couples affected by lung cancer and their clinical-care providers. In: Psychooncology, 20, S. 179–185.

Taylor, B. (2014). Experiences of sexuality and intimacy in terminal illness: a phenomenological study. In: Palliative Medicine, 28, S. 438.

Vitrano, V.; Catania, V.; Mercadante, S. (2011). Sexuality in patients with advanced cancer: a prospective study in a population admitted to an acute pain relief and palliative care unit. In: American Journal of Hospice & Palliative Care, 28, S. 198–202.

World Health Organization. Sexual Health. http://www.who.int/reproductive-health/gender/sexual_health.htlm

Auguste Rodin, La confidence (Frau sich einem Manne anvertrauend), um 1900 / akg-images

Trauer und Schmerz – und dann einfach Sex?
Wie Männer ihre Körperlichkeit nutzen in Trauer und Schmerz

Martin Bachmann

Kürzlich kam Thomas* ins »mannebüro züri« in eine Beratung. Seine langjährige Ehefrau war sechs Monate zuvor nach langem Krebsleiden gestorben. Sie hatten eine liebevolle Beziehung, seine Ehefrau war für ihn eine wunderbare Frau, Partnerin und Mutter seiner Kinder gewesen. Die intensive Betreuungszeit hatte die bereits engen Familienbande noch verstärkt. Die beiden Kinder waren eine große Hilfe gewesen. Nun ist Ruhe eingekehrt, die Trauer, Leere und emotionale Müdigkeit sind aber immer noch groß. Doch Thomas kam nicht seiner Trauerarbeit wegen in die Beratung, sondern weil ihn ein anderes Thema zunehmend belastete. Er besuchte gelegentlich Prostituierte und schämte sich dafür enorm.

Der 57-Jährige hatte schon während der Krankheitszeit seiner Frau Milieubesuche gemacht. Die partnerschaftliche Sexualität hatte der Krankheit wegen keinen Platz mehr, erzählte er. Das habe ihn erst nicht so belastet, es sei einfach etwas gewesen, um aufzutanken. Sexualität, körperliche Nähe, gehalten werden seien für ihn immer wichtig gewesen, aber er habe das seiner Frau nicht mehr zumuten wollen. Nun kann er den Sex nicht mehr genießen, er findet es blöd, dass er für Intimität bezahle. Thomas: »Ich will das doch gar nicht auf diese Art, aber ich komme nicht weg davon. Manchmal zieht es mich richtig hin zu einer Prostituierten.«

Die Situation von Thomas zeigt anschaulich, welche Rolle Sexualität in der Bewältigung von emotionalen Prozessen spielen kann. Und sie ist ein typisches Beispiel dafür, wie Männer Sexualität zuweilen nutzen. Es ist wichtig, das genauer anzuschauen, auch unter einem geschlechtsspezifischen Blickwinkel. Es gibt Unterschiede, wie Frauen und Männer Sexualität einsetzen und genießen können – oder eben darunter leiden. Männer machen zum Beispiel je nach Studie bis zu zehn Mal häufiger Selbstbefriedigung als Frauen, sie nutzen deutlich mehr Pornografie, und fast nur Männer gehen zu Prostituierten.

Diese Realitäten müssen in der psychosozialen Beratung unbedingt beachtet werden. Denn die Moral spielt bei aller Offenheit, mit der heutzutage sexuelle Fragen auf den Tisch kommen, immer noch eine große Rolle. So ist die Vorstellung, dass Sexualität eine Form der Trauerarbeit sein kann, für viele Frauen und Männer unmöglich, gar verwerflich. Das ist schade, denn Sexualität ist grundsätzlich eine Möglichkeit, uns etwas Gutes zu tun. Sie ist ein grundlegender Aspekt unseres Mannseins, unseres Frauseins und eine große, substanzielle Ressource.

Die eigene Geschichte kennen und verstehen lernen

In der sexologischen Beratung lernt Thomas seine sexuelle Biografie besser zu verstehen: Wie er dahin kam, wo er jetzt steht. Er entdeckt beispielsweise, dass er sich kaum traut, mit einer Frau über Sexualität zu reden. Und dass er verlernt hat, sich und sein sexuelles Interesse einer Partnerin zuzumuten. Er hat die Vorstellung, dass eine normale Frau nicht selbst auch Lust auf Sex haben kann. Und er lernt sein Dilemma zu lösen: Bis anhin glaubte er, dass seine Frau die Einzige bleiben muss, die er liebte, doch nun erfährt er, dass er eine liebende Verbundenheit mit seiner verstorbenen Ehefrau behalten und sich trotzdem auf eine neue Begegnung einlassen darf. Dass er seine Loyalität seiner Ehefrau gegenüber nicht verrät, auch wenn einige so denken mögen.

Thomas lernt auch Neues über seinen Körper. Seine Gedankenwelt spiegelt sich in seiner Haltung, er ist gebückt. Er realisiert, dass die Milieugänge kurzfristigen Lustgewinn bringen, jedoch sein eigenes Gefühl der Männlichkeit und seine Selbstsicherheit untergraben. Nach und nach entwickelt Thomas Möglichkeiten, seine Sexualität nicht abzuspalten, wegzudelegieren, sondern seine Eigensexualität lustvoller zu gestalten, mutiger zu werden und möglichen neuen Partnerinnen selbstbewusster zu begegnen.

Männliche Sozialisation bietet Chancen und Risiken

Das »mannebüro züri« berät seit bald dreißig Jahren mit einem geschlechterbewussten Ansatz Männer in Krisen. Die biologische Funktionalität und die soziale Konstruktion von »Frau« und »Mann« schränkt die Vielfalt des Menschseins ein und hat nach wie vor einen stark normativen Charakter, was uns Männern und Frauen nebst Orientierung zuweilen Schwierigkeiten bereitet. Das zeigt sich in fast allen Lebensbereichen und auch in der Art, wie wir Krisen bewältigen. Männern wird nach wie vor eine produktive Rolle zugeschrieben, sie müssen arbeitsam, stark, wehrhaft und kompetent sein. Frauen bleibt die reproduktive Rolle zugedacht, sie sollen aufmerksam, sozial, hübsch und gefühlvoll sein.

Das Konzept »Männlichkeit« erschwert Männern nach wie vor, einen emotionalen Zugang zu sich und ihren Bedürfnissen zu finden und zu halten. Bereits kleine Jungen lernen Gefühle abzuspalten, sie nicht wahrzunehmen oder zu kanalisieren und zu externalisieren. Männer erleben wenig Spiegelung der Gefühle (»tu nicht so, das wird nicht so schlimm sein, reiß dich zusammen«) und werden wenig unterstützt in der Beschreibung ihrer Befindlichkeit. Das Stereotyp »Mann« bewirkt, dass die Lebendigkeit von Gefühlen ihnen grundsätzlich Stress bereitet, und lässt sie insbesondere unter Gefühlen wie Angst, Hilflosigkeit, Leere, Trauer leiden, da diese den Rollenerwartungen nicht entsprechen. Männer sind in der Folge weniger geübt in der Bewältigung emotional anspruchsvoller Situationen. Und da kommt die Sexualität ins Spiel, da sie ein emotionales Erleben ermöglicht, einen Zugang ins Herz aufmacht. Sexualität verspricht uns Genuss, Lebendigkeit, Entspannung, Kontakt mit uns selbst und vieles mehr.

Alle Emotionen finden in unserem Körper statt

Auch bei Andreas* drückt sich eine tiefe Traurigkeit in seinem Umgang mit Sexualität aus. Der 32-Jährige bittet das »mannebüro züri« um eine Beratung. Er hat Angst, dass ihm bald alles um die Ohren fliegt. Seit mehreren Jahren arbeitet er als Projektleiter in einem Logistikunternehmen, und das gern. Er sagt, er gelte als zuvorkommend und ruhig. Während der Arbeit am PC sucht er oft pornografische Seiten auf, vor einigen Tagen wurde er fast erwischt. Andreas erschrak tief und realisierte, dass er Hilfe braucht.

Andreas lebt allein. Er trifft selten Bekannte, seine letzte Freundin hatte er vor vielen Jahren, sie war kurz nach dem Zusammenziehen wieder gegangen. Andreas sagt, dass er wieder eine Freundin haben möchte, doch er wisse nicht, wie er aus seiner Einsamkeit herausfinde. Er hält sich vor allem abends schlecht aus, schaut nach dem Essen fast immer Nachrichten, guckt – immer seltener – einen Film und landet immer auf Pornoseiten. Das zieht sich über lange Stunden hin, er befriedigt sich ein, zwei Mal pro Abend, oft surft er wie im Rausch durch Sexseiten. Schlafen geht er dann spät, oft

Pierre Bonnard, Autorretrato del Espejo, 1938 / akg-images / Album / sfgp

Das Stereotyp »Mann« bewirkt, dass die Lebendigkeit von Gefühlen ihnen grundsätzlich Stress bereitet, und lässt sie insbesondere unter Gefühlen wie Angst, Hilflosigkeit, Leere, Trauer leiden, da diese den Rollenerwartungen nicht entsprechen.

Martin Bachmann

ist er müde bei der Arbeit – und guckt manchmal auch dort kurz in Pornos rein, weil es ihm eine Pause gibt. Andreas fühlt sich elend und sehr einsam.

Im »mannebüro züri« arbeiten wir mit dem erfolgreichen Konzept »Sexocorporel«. Dieses geht davon aus, dass Sexualität erlernt ist und sich lebenslang wandelt. Wir beginnen immer »solo«, entdecken unsere Sexualität allein, bevor wir die Paarsexualität üben. Verschiedene Faktoren prägen Sexualität, diese beeinflussen sich wiederum gegenseitig. Unsere Gedanken, Körper, Gefühle und Beziehungen interagieren und bedingen sich wechselseitig. Sexualität hat kognitive, physiologische, emotionale und soziale Dimensionen und ist darum so vielschichtig und wichtig. Und es ist sexologisch interessant zu wissen, dass Männer sowohl aus anatomischen – da sichtbarer und zugänglicher – als auch aus sozialen Gründen ihre Genitalien im Durchschnitt deutlich mehr bespielen, als Frauen dies tun. Das Stereotyp des kompetenten, allzeitbereiten Mannes fördert eine hohe sexuelle Aktivität und Funktionalität und lässt Männer so noch stärker ihre Sexualität genital nutzen. So hat es eine Logik, dass Männer von der Genitalität in die Emotionalität gehen können. Frauen haben in der Tendenz einen anderen Lernweg, sie beüben stärker den Weg von der Emotionalität in die Genitalität, weshalb die konkrete Sexualität oft mehr von einem stimmigen Gefühl abhängt und weniger von genitaler Stimulation.

Im »mannebüro züri« hören wir viele Geschichten, wie Männer Sexualität nutzen, um mit ihren Lebenssituationen umgehen zu können: Männer, die ständig fremdgehen in der Hoffnung, so eine Belohnung für ihre Leistung zu erhalten. Männer, die sich in der Selbstbefriedigung verlieren als Folge eines Bemühens, sich eine Pause vom Alltagsstress zu gönnen. Oder die ihren Pornografiekonsum nicht mehr steuern können, nachdem sie sich so aus einer ehelichen Auseinandersetzung um Nähe und Intimität stehlen wollten. Wir sehen, wie Männer in Stress geraten, wenn die Sexualität nicht die Erwartungen erfüllt: Männer, die ihrer geringen sexuellen Selbstsicherheit wegen nicht geübt sind, eine Frau anzusprechen, und eine Anzeige wegen sexueller Belästigung haben. Männer, die sich für ihre Erektionsschwierigkeiten schämen, darum die Nähe der Partnerin scheuen und lieber einen Streit, gar Gewalthandlungen, provozieren. Und Männer, die vor lauter Emotionalität und Nervosität eine steil verlaufende Erregungskurve haben, schnell ejakulieren und deswegen Paarkonflikte haben.

Wir können dazulernen und uns entwickeln

Das Leben beschert Menschen biografische Rucksäcke mit Tausenden Ereignissen und Erlebnissen. Alle kennen wir leichte Hochs und schwarze Tiefs und alle sind wir Experten im Umgang mit Emotionalität und haben verschiedene Strategien, um Gefühle zu regulieren. Wir können versuchen, sie einfach auszuhalten, sie zu intensivieren, abzuschwächen, zu verändern, auszublenden, wir können versuchen sie festzuhalten oder aufzublasen. Wir geben ihnen einen Raum, eine Form, mehr oder weniger unbewusst. Männer und Frauen kennen viele Varianten der Gefühlsregulation gut und wenden sie auch mit unterschiedlichem Effekt und Nutzen an.

* Alle Angaben zu den Männern sind geändert.

Das **mannebüro züri** ist seit 1989 eine unabhängige Beratungsstelle für Männer in Krisen. Es ist das erste Männerbüro der Schweiz und bietet fachliche Dienstleistungen rund um häusliche Gewalt an, insbesondere explizite Gewaltberatungen. Seit zehn Jahren leistet es auch die Gefährderansprache für den Kanton Zürich nach polizeilichen Wegweisungen. In den letzten Jahren wurde zusätzlich der Themenbereich zu Sexualität entwickelt, es gibt dazu Beratung und Therapie im Einzel- und Gruppensetting. Darüber hinaus ist das »mannebüro züri« auch eine Fachstelle, die sich auf Anfrage mit allen weiteren Männerfragen in privaten und öffentlichen Kontexten befasst.

Martin Bachmann begann sich schon als Lehrer für Geschlechterfragen zu interessieren und arbeitet nach Zwischenstationen als soziokultureller Animator und Straßensozialarbeiter seit 2001 »im mannebüro züri« als Gewalt- und Sexualberater sowie freiberuflich als systemischer Berater, Coach und klinischer Sexologe. Er hat drei Töchter im Grundschulalter und ist immer noch frisch verliebt und liebt darüber hinaus Musik, die Berge und das Leben.
E-Mail: bachmann@mannebuero.ch

Links
www.mannebuero.ch
www.sexocorporel.com

Buchtipps
Fux, C.; Schweizer, I. (2012). Guter Sex. Ein Ratgeber, der Lust macht. Zürich.
Henning, A.-M.; Keiser, A. von (2014). Make more love. Ein Aufklärungsbuch für Erwachsene. Berlin.

Veränderung des Körperbildes und der Sexualität in der palliativen Krankheitsphase

Heike Walper

Eine schwere Erkrankung führt, unabhängig vom Lebensalter, zu einer Veränderung der Selbstwahrnehmung und des Selbstbildes. Dazu gehört auch das Erleben von Veränderungen des eigenen Körperbildes und der sexuellen Identität. Auch die körperlichen Bedürfnisse von Nähe und Intimität sowie deren Ausdrucksformen können durch die Erkrankung verändert sein. Aus Unsicherheit, Scham und/oder im Bewusstwerden existenzieller Fragen wird dieses Thema von Seiten der betroffenen Menschen und des therapeutischen Teams häufig bewusst oder unbewusst ignoriert oder tabuisiert. Ein ganzheitlicher Betreuungsanspruch beachtet die individuelle Bedeutung sexueller Identität. Dazu gehören die körperliche Integrität sowie soziale, psychische und spirituelle Bedürfnisse sowie deren individuelle Ausdrucksformen.

Das begleitende multiprofessionelle Team benötigt Achtsamkeit für das Thema Sexualität, eine Haltung von Vertrauen, die den Umgang mit schambesetzten Fragen ermöglicht, und kommunikative Fähigkeiten, die der Intimität des Themas und der Vulnerabilität der betroffenen Menschen gerecht werden. Gleichzeitig ist die Reflexion eigener Bedürfnisse der Begleiter und Begleiterinnen im Hinblick auf professionelle Nähe und die eigene Körperlichkeit notwendig, um die subjektive Reichweite dieser Fragen und Probleme in der Begleitung zu erkennen.

Das Gesamtziel der Fortbildungseinheit im Rahmen von vier Unterrichtseinheiten à 45 Minuten lautet:

> Die Teilnehmer/-innen erkennen die Individualität der betroffenen Menschen und ihre Bedürfnisse nach Identität, körperlicher Integrität und nach Sexualität an. Sie sind befähigt, für die persönlichen und krankheitsassoziierten Probleme der Patientinnen und Patienten sowie ihrer Zugehörigen einen kommunikativen Raum zu schaffen, und sind sensibilisiert für ihre eigenen Grenzen.

1. Der Einstieg – Konfrontation

Der Einstieg konfrontiert die Teilnehmer/-innen mit intimen/persönlichen Fragen. Sie erleben die eigene Verunsicherung und können sich in die Situation von Patientinnen und Patienten hineinfühlen.

Bei dieser Übung stellen sich die Teilnehmer/-innen abwechselnd drei Fragen:

- »Wie wichtig ist dir gutes Essen, auf was achtest du dabei und worauf legst du wert?«
- »Wie wichtig ist dir deine Privatsphäre? Was bedeutet sie für dein Leben?«
- »Wie wichtig ist für dich Sexualität? Was wünschst du dir dabei und was brauchst du für ein erfülltes Sexualleben?«

Leidfaden, Heft 2 / 2018, S. 86–91, © Vandenhoeck & Ruprecht GmbH & Co. KG, Göttingen, 2018, ISSN 2192-1202

Die Teilnehmer/-innen haben kurz Zeit, um die ersten zwei Fragen zu beantworten. Wichtig ist, dass die Übung abgebrochen wird, *bevor* die dritte Frage beantwortet wird. Zur Auswertung werden die emotionalen Reaktionen beim Stellen der Frage und der befragten Person besprochen.

2. Hinführung zum Thema

Ein Vortrag mit offenen Fragen führt zu den bisherigen Erfahrungen mit dem Thema »Sexualität«.

Wie wurden wir sozialisiert (Eltern, Freunde), wie wurden wir aufgeklärt (Schule, TV, Werbung)? Wie sieht die Realität heute aus?

Die WHO-Definition von 1975 wird zur Diskussion gestellt:

> »Sexuelle Gesundheit ist die Integration physischer, emotionaler, intellektueller und sozialer Aspekte auf eine Weise, die Bereicherung des Lebens und Stärkung von Persönlichkeit, Kommunikation und Liebe zur Folge hat.«

3. Eigene Auseinandersetzung mit Bedürfnissen und Normen

In der folgenden Übung setzen sich die Teilnehmer/-innen anhand einer vorgegebenen Liste mit ihren eigenen Bedürfnissen und dem eigenen Wertesystem auseinander. Das Ziel ist eine persönliche Reflexion eigener Bedürfnisse und normativer Vorstellungen. Das Arbeitsblatt ist für Frauen und Männer unterschiedlich gestaltet und hat noch freie Zeilen, um eigene Begriffe einzufügen:

Bedürfnisliste (eine Auswahl)

anziehend sein	Hingabe	sich schön finden
begehrt werden	kreativ sein	Sinnlichkeit
berührt werden	Liebe	Treue
Empathie erleben	Loyalität	Verantwortung übernehmen
Erotik	Lust empfinden	Verständnis
Familie sein	miteinander reden können	Vertrauen haben
feinfühlig sein	Orgasmus	Verzicht
Geborgenheit erleben	Rücksicht nehmen	Zärtlichkeit
Geduld erleben	sich einlassen können	Zusammengehörigkeit erleben
Glück empfinden	sich füreinander begeistern	

nur auf dem Bogen für Frauen:	**nur auf dem Bogen für Männer:**
Frau sein	Mann sein
schwanger werden können	selbst zeugungsfähig sein
schwanger sein	die Partnerin kann schwanger werden
der Partner ist zeugungsfähig	der Partner ist zeugungsfähig
die Partnerin kann schwanger werden	

Die Teilnehmer/-innen priorisieren in Einzelarbeit diese Liste von vorgegebenen Bedürfnissen zur Sexualität in: »Das ist mir wichtig.«, »Ich bin unentschieden.«, »Das bedeutet mir nichts oder ist mir nicht wichtig.« Als Vorinformation ist der Hinweis wichtig, dass der ausgefüllte Bogen nicht in der Gruppe veröffentlicht wird, sondern lediglich allgemein evaluiert wird.

Tabelle Arbeitsblatt (Ausschnitt)

Was ist mir wichtig?	Das ist mir sehr wichtig	Ich bin unentschieden	Das bedeutet mir nichts oder ist mir nicht wichtig
anziehend sein			
begehrt werden			
berührt werden			

4. Erfahrungsparcours zu eigenen Erfahrungen und Wissen

Ein Erfahrungsparcours hat das Ziel, den vorhandenen Wissens- und Erfahrungsschatz zu bündeln und transparent zu machen. Die Teilnehmer/-innen erleben Selbstvertrauen in der Gruppe und erkennen die Wichtigkeit von Wissenspartizipation.

Auf vorbereiteten Flipcharts sollen die Teilnehmer/-innen in Kleingruppen ins Gespräch kommen und die wesentlichen Inhalte ihres Gesprächs auf dem Flipchart festhalten. Nach wenigen Minuten werden die Teilnehmer/-innen gebeten, zum nächsten Flipchart und damit zur nächsten Frage zu gehen. Hier können sie die Stichworte ihrer Vorgruppe lesen und eigene Antworten zur vorgegebenen Frage entwickeln. Die Fragen sind kontextvariabel und an den Lernzielen orientiert.

Für diese Einheit lauten die Fragen:

- »Strukturelle Bedingungen behindern das Erleben der Sexualität der Bewohner/-innen aufgrund …«
- »Das Ausleben eigener Sexualität wird krankheits-, symptom- oder therapiebedingt eingeschränkt durch …«
- »Es gibt Formen des sexuellen Ausdrucks von Patienten/Patientinnen/Bewohnern/Bewohnerinnen, die für mich als Pflegende eine Grenzüberschreitung darstellen. Ich muss mich selbst abgrenzen oder schützen, wenn Patienten/Patientinnen/Bewohner/Bewohnerinnen folgendes Verhalten zeigen …«

Die Referentin moderiert die Besprechung der Ergebnisse und sammelt Lösungsideen und Kommunikationseinstiege. Im Rahmen dieser Besprechung wird auf Informationsbroschüren, Kommunikationsmodelle und relevante Internetseiten hingewiesen.

http://frauenselbsthilfe.de
https://www.krebshilfe.de
http://www.krebsliga.ch/de/
http://www.krebsinformationsdienst.de/
https://www.deutsche-alzheimer.de/unser-service/archiv-alzheimer-info/demenz-und sexualitaet.html
https://www.profamilia.de/erwachsene/sexualitaet-und-aelterwerden/sexualitaet-und-demenz.html
https://www.sexualmedizin.charite.de/fileadmin/user_upload/microsites/m_cc01/sexualmedizin/pdf/klinik_info1.pdf
https://als.be/sites/default/files/uploads/ALS-und-Sexualitat.pdf

---

BETTER-Model (Mick et al., 2004)

Bring up the topic:	Das Thema Sexualität benennen
Explain:	Erklären, dass Fragen zur Sexualität Platz haben
Tell …:	Erklären, dass Unterstützung möglich ist
Timing:	Der richtige Zeitpunkt
Education:	Informationen über unerwünschte Wirkungen der Behandlung; Informationen zur Kommunikation mit dem Partner
Record:	Dokumentation

Abgeschlossen wird die Einheit, indem jede/-r Teilnehmer/-in einen Begriff nennt, den er/sie mit Sexualität verbindet, um die Diversität der Bedürfnisse und Ausdrucksformen zusammenzufassen.

→ Sexualität ist …

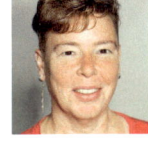

Heike Walper, MSc. Palliative Care, ist zertifizierte Kursleiterin für Palliative Care, Pflegende und Stationsleiterin im Christophorus Hospiz München sowie Fachbuchautorin.
E-Mail: heikewalper@mnet-online.de

Übung: Priorisieren von eigenen Bedürfnissen (für Frauen)

Was ist mir wichtig?	Das ist mir sehr wichtig	Ich bin mir nicht sicher	Das bedeutet mir nichts
anziehend sein			
begehrt werden			
berührt werden			
Empathie erleben			
Erotik			
Familie sein			
feinfühlig sein			
Frau sein			
Geborgenheit erleben			
Geduld erleben			
Glück empfinden			
Hingabe			
kreativ sein			
Liebe			
Loyalität			
Lust empfinden			
miteinander reden können			
Orgasmus			
Partner ist zeugungsfähig			
Partnerin kann schwanger werden			
Rücksicht nehmen			
schwanger sein			
schwanger werden können			
sich einlassen können			
sich füreinander begeistern			
sich schön finden			
Sinnlichkeit			
Treue			
Verantwortung übernehmen			
Verständnis			
Vertrauen haben			
Verzicht			
Zärtlichkeit			
Zusammengehörigkeit erleben			

Übung: Priorisieren von eigenen Bedürfnissen (für Männer)

Was ist mir wichtig?	Das ist mir sehr wichtig	Ich bin mir nicht sicher	Das bedeutet mir nichts
anziehend sein			
begehrt werden			
berührt werden			
Empathie erleben			
Erotik			
Familie sein			
feinfühlig sein			
Geborgenheit erleben			
Geduld erleben			
Glück empfinden			
Hingabe			
kreativ sein			
Liebe			
Loyalität			
Lust empfinden			
Mann sein			
miteinander reden können			
Orgasmus			
Partner ist zeugungsfähig			
Partnerin kann schwanger werden			
Rücksicht nehmen			
selbst zeugungsfähig sein			
sich einlassen können			
sich füreinander begeistern			
sich schön finden			
Sinnlichkeit			
Treue			
Verantwortung übernehmen			
Verständnis			
Vertrauen haben			
Verzicht			
Zärtlichkeit			
Zusammengehörigkeit erleben			

REZENSION

Ich lebe mit meiner Trauer

Ulrike Backhaus

Chris Paul: Gütersloher Verlagshaus, Gütersloh, 2017, 237 Seiten

»Trauer ist die Lösung, nicht das Problem!« (S. 9). Dies ist die erste Kapitelüberschrift des neuen Buches der deutschlandweit bekannten Trauerbegleiterin Chris Paul und in diesem Verständnis nähert sich die Autorin dem Trauerprozess.

Das Buch richtet sich an Betroffene und will sie unterstützen, sich in ihrer Trauer selbst besser zu verstehen und damit Möglichkeiten zur bewussten Gestaltung ihrer Situation zu entwickeln. Die Autorin geht wie die internationale Trauerforschung davon aus, dass die meisten Menschen mithilfe ihres Umfeldes ohne professionelle Hilfe lernen können, mit einem Verlust zu leben.

Paul stellt trauernden Menschen eine übersichtliche Struktur zur Verfügung, indem sie sechs Facetten im Trauerprozess benennt, die wie ein Kaleidoskop immer wieder ineinandergreifen und sich immer wieder neu mischen. »Jeder trauernde Mensch läuft seinen eigenen Weg im eigenen Tempo, Trauerprozesse sind kein Massenlauf mit der gleichen abgesteckten Wegstrecke für alle. Jeder Trauerweg ist individuell, verschieden von anderen Trauerwegen und doch unterwegs auf denselben Themenfeldern« (S. 11).

Als erste Facette beschreibt Paul das »Überleben«. Der Prozess des Überlebens hat zunächst Vorrang und stellt die Basis dar für andere Facetten auf dem Trauerweg. Die zweite Facette, »Wirklichkeit begreifen«, dreht sich um die innere Auseinandersetzung mit der Endgültigkeit des Todes. Die dritte Facette beinhaltet die verschiedenen »Gefühle« im Trauerprozess mit ihren ganz verschiedenen Erscheinungsweisen und dem, was trauernde Menschen oft als »Chaos« erleben. Die vierte Facette »Sich anpassen« beschreibt das Leben-Lernen mit einer nach einem Verlust veränderten Umwelt, einem neuen Alltag, neuen Aufgaben, Rollen und Strukturen. Als fünfte Facette bezeichnet Paul das »Verbunden bleiben« mit der verlorenen Person in einer neuen, inneren Weise. Schließlich stellt sie als sechste Facette das »Einordnen« dar, die Neuordnung des Selbst- und Weltbildes nach einem Verlust.

Jeder dieser Facetten ordnet Paul eine Farbe zu, die in der aufwendigen Gestaltung des Buches durchgehend in den Farben der Überschriften sowie kleiner Symbole in Form von »Tortenstücken« sichtbar bleibt. Die Autorin stellt ausführlich jede Facette in den vier verschiedenen Zeiträumen »Die ersten Stunden«, »Die ersten Wochen«, »Das erste Trauerjahr« und »Die weiteren Trauerjahre« vor. In allen Zeiträumen wirken alle sechs Facetten, wenn auch mit unterschiedlicher Intensität. Mit dieser Gliederung entsteht eine übersichtliche Struktur, die Trauernden helfen dürfte, ihre Erfahrungen einzuordnen.

In der großen Praxisnähe des Buches spiegelt sich die umfangreiche Erfahrung von Chris Paul. Ihr gelingt es, sich in einer konkreten, verständlichen, zugleich sensiblen und unerschrockenen Sprache dem möglichen Erleben von Trauernden in seiner Verschiedenheit anzunähern. Nie beurteilt sie dabei, wertet ab oder belehrt auf unangenehme Weise, immer strahlt ihr Text eine große Offenheit für unterschiedliche Erlebensweisen aus. Mögliche tabuisierte Themen wie Konflikte in der Beziehung zum Verstorbenen oder Gefühle wie Wut, Hass, Neid und Erleichterung in der Trauer spart sie nicht aus. Auch ihnen gibt sie auf eine freundliche, akzeptierende Weise Raum.

Die konkreten Schilderungen werden begleitet von Fallgeschichten aus der jahrelangen Begleitungserfahrung der Autorin sowie von praktischen Tipps. Diese werden von ihr in einer übersichtlichen Struktur als Trittsteine angeboten, die Trauernde in ihrem Prozess unterstützen können. Zugleich weist sie auf Stolpersteine hin, die Gefahren in einem gesunden Anpassungsprozess darstellen und Schwierigkeiten verstärken können. Darüber hinaus beschreibt Paul genau die Situationen und Erlebensweisen, in denen sie dazu rät, professionelle Hilfe in Anspruch zu nehmen.

Themen wie die Gestaltung der Ferien, das Zusammenleben in der Familie, Gespräche mit Freunden und Bekannten, sich neu Verlieben nach dem Verlust des Partners, Spiritualität und vieles mehr schließt Paul in ihren Text ein. Der Gestaltung des ersten und weiterer Jahrestage des Todes widmet sie ein eigenes Kapitel.

Das Buch ist ein Handbuch im allerbesten Sinne, eine Schrift, die trauernde Menschen immer wieder zur Hand nehmen können, die sie wie einen Schatz zu unterschiedlichen Zeiten auf ihrem Weg zu Rate ziehen können und in der sie eine Fülle von praktischen Informationen und Tipps finden. Ergänzt wird es durch den zeitgleich erschienenen Band »Wir leben mit deiner Trauer« der Autorin, die sich an Angehörige und Freunde von Trauernden richtet.

Vor einigen Jahren fragte mich eine Kollegin nach einem geeigneten Buch für eine frisch verwitwete Freundin. Damals habe ich lange überlegen müssen, welches Buch ich ihr empfehlen sollte. Jetzt wüsste ich es sofort: Ohne Zweifel wäre es das neue Buch von Chris Paul.

Versöhnung in der Trauerbegleitung

Norbert Mucksch

Versöhnung und der manchmal tief verschüttete Wunsch, einen inneren Frieden zu schließen, haben eine sehr dichte Nähe zum Arbeitsfeld Hospiz und Palliative Care, wozu auch die Begleitung trauernder Menschen gehört. Ich arbeite unter anderem in der Begleitung von trauernden Menschen und ich bilde an der Kolping-Bildungsstätte Coesfeld Trauerbegleiterinnen und Trauerbegleiter aus. In den inzwischen mehr als zehn Jahren, die ich in diesem Feld tätig bin, habe ich wiederholt die Erfahrung machen dürfen, dass in der Begleitung Trauernder und Sterbender vielfach intensive Versöhnungsprozesse und Suchbewegungen nach Friedensschlüssen stattfinden, die von den Beteiligten oftmals überhaupt nicht mehr für möglich gehalten wurden.

Ein Beispiel aus der Trauerbegleitung

Herr Klein (Jahrgang 1958), der Sohn eines fünf Monate zuvor im Alter von 85 Jahren verstorbenen Mannes, bittet um eine Einzeltrauerbegleitung. Er wirkt sehr reflektiert und sehr gefasst, zunächst kaum emotional. Befragt zu seiner konkreten Motivation, in die Einzelbegleitung zu kommen, sagt er beim ersten Kontakt, dass es ihm viel weniger um den jetzt erlebten Verlust des Vaters geht, sondern vielmehr um ein nachträgliches Verständnis für seinen Vater im Hinblick auf zahlreiche offen gebliebene Fragen aus der eigenen Lebensgeschichte. Es gebe so viele Dinge, die für ihn ungeklärt seien, und das, obwohl er selbst den Eindruck hat, seinen Vater in seinem Sterben sehr gut begleitet zu haben, wofür er sehr dankbar ist und was er gern getan hat. In dieser letzten Lebensphase habe er eine große und zuvor nie vorhandene, fast intime Nähe zu seinem Vater verspüren dürfen. Das kann Herr Klein sehr authentisch, eindrücklich und auch tief-berührend beschreiben. Sein Vater sei nach einer mehrjährigen bösartigen Erkrankung in einem Krankenhaus gestorben. Er habe sehr gelitten und wahrlich keinen leichten Weg gehabt. In der Klinik sei er oft bei seinem Vater gewesen und habe ihm sehr offensiv zusprechen können, dass er ihn gehen lassen kann und dass der Vater auch gehen darf. Gestorben sei sein Vater trotz vieler Zeiten langer eigener Anwesenheit im Sterbezimmer in einem Moment, als er nicht zugegen war. Damit sei er aber sehr versöhnt, denn das passe einfach zu seinem Vater und seiner Persönlichkeit. Das kenne er: Bei allen sehr persönlichen Dingen und vor allem bei Abschieden habe sein Vater sich meistens abgewendet und sich der Situation entzogen, um seine dann mitunter aufkommende Emotionalität nicht hochkommen zu lassen und zeigen zu müssen. Zugleich ist genau diese Erfahrung, die Herr Klein in den letzten zehn bis fünfzehn Jahren mit seinem Vater immer wieder gemacht hat, der Auslöser für sein aktuelles Fragen und Suchen. In der Begleitungsarbeit mit ihm bitte ich ihn, von seiner Kindheit und Jugend zu erzählen und auch davon, was er selbst aus der Kindheit und Jugend seines Vaters weiß.

Biografische Wahrnehmung

Seine eigene Kindheit beschreibt Herr Klein spontan als »gut versorgt«. Materiell sei eigentlich immer alles da gewesen, kein luxuriöses Leben, aber gesicherter Wohlstand, auch schon in den 1960er Jahren. Gemangelt habe es eher an Emotionalität, Herzlichkeit, Ermutigung und der absichtslosen Vermittlung von Zutrauen. Auch habe er sich mehr Schutz und Geborgenheit gewünscht in Situationen, in denen er sich klein und ausgeliefert gefühlt hat. Gut erinnern kann er sich noch daran, dass ihm seitens beider Eltern immer deutlich vermittelt wurde, dass er eine große Hochachtung vor »Autoritäten« (etwa vor der Kinderärztin, dem Zahnarzt und dem benachbarten Notar) haben müsse. All dies habe bei ihm Spuren hinterlassen, die ihm in seiner heutigen Lebenssituation nicht zuträglich seien. Gewünscht hätte er sich vor allem mehr zusprechende, ermutigende und zuversichtliche Aussagen: »Ich bin stolz auf dich! Du kannst was! Ich sehe deine Talente und Fähigkeiten, mach was daraus! Ich helfe dir dabei! Erobere dir deine Welt mit dem, was du kannst!« Stattdessen habe er eher unausgesprochene, aber dennoch umso wirksamere Botschaften gespürt wie: »Halt dich zurück! Lehne dich nicht zu weit aus dem Fenster! Bleib auf dem sicheren Terrain, welches du hier vorfindest! Lauf nicht so weit raus! Lauf mir und uns nicht davon!« An dieser Stelle wirkt Herr Klein sehr berührt und traurig und sagt mit leicht erstickter Stimme: »Ich wäre so gern selbstbewusster und liege über Kreuz vor allem mit meinem Vater als männlicher Identifikationsfigur, dass er mir diesen Teil einfach nicht gegeben hat.«

Biografische Rekonstruktion

Beim nächsten Treffen frage ich Herrn Klein konkret nach seinem Vater und dessen Kindheit und Jugendzeit. Herr Klein schaut zunächst etwas ratlos und unwissend und sagt dann, dass er nicht wirklich viel darüber wisse. Es habe seinerseits immer wieder mal Ansätze gegeben, den Vater danach zu befragen, wobei er fast immer die stereotype Antwort erhalten habe: »Frag nicht danach!« Was er weiß, ist, dass sein Vater mit fünfzehn Jahren in den letzten Kriegsmonaten des Zweiten Weltkriegs noch zur Marine eingezogen wurde und mit viel Glück mit einem der letzten Boote über die Ostsee zurück in den westli-

Foto: m.schröer

chen Teil Deutschlands gelangt ist, so dass ihm die russische Kriegsgefangenschaft erspart geblieben ist. Ganz selten habe er von schlimmen Erfahrungen (standrechtlichen Erschießungen) aus dieser Zeit erzählt. Herr Klein hat die Fantasie, dass sein Vater entweder hilflos hat zusehen müssen oder schlimmstenfalls sogar daran beteiligt war. Er träumt diese vermuteten Fantasien des Vaters regelmäßig. All das sei aber mit seinem Vater selbst nie besprechbar gewesen. Darüber verlor er nie ein »Sterbenswörtchen«. Was er auch noch erinnern kann, ist, dass die jüngere Schwester seines Vaters im Alter von etwa zehn Jahren an einer akuten Erkrankung verstorben ist. Was das in der Herkunftsfamilie seines Vaters ausgelöst hat und wie sein Vater und seine Großeltern damals damit umgegangen sind, kann er nicht sagen. Davon habe sein Vater zumindest ihm gegenüber nie gesprochen. Er geht aber sicher davon aus, dass es ebenfalls sehr prägend für seinen Vater gewesen sei.

Verständnis und Versöhnung

In mehreren Begleitungstreffen gelingt es, Herrn Klein immer wieder vor allem an die mutmaßlichen Erfahrungen seines Vaters in den letzten Kriegsmonaten heranzuführen in der Absicht, ihn darüber in ein anderes, tieferes Verständnis seines Vaters zu bringen mit dessen durch die damalige Zeit gesetzten äußerlichen Begrenzungen. Darüber gelingt es Herrn Klein nach einiger Zeit, von seinem Erschrecken über den Vater in der damaligen Situation wegzukommen und auch von seiner späteren, sich immer neu wiederholenden Enttäuschung über dessen emotionale Zurückhaltung. Nach einigem Zögern ist es Herrn Klein möglich, seinem in der eigenen Vorstellung sehr präsenten Vater zu sagen, was er sich eigentlich von ihm gewünscht hat (als Vater und auch als Mann) und was beiden vorenthalten geblieben ist dadurch, dass sie sich auf dieser Ebene zu Lebzeiten nie begegnen konnten. Darüber hinaus kann Herr Klein gegenüber seinem Vater in dieser Situation auch beklagen, was ihm in der Konsequenz all dessen an Lebensschwierigkeiten und damit auch an Lebensaufgaben zugewachsen ist. Zugleich gelingt ein erster versöhnender Teil: »Ich bin dir selbst wegen all dem auch etwas schuldig geblieben und ich beginne mehr und mehr zu verstehen, dass du ein Kind deiner Zeit bist, einer in deiner Jugend grausamen Zeit mit Bedingungen, die du dir nicht aussuchen konntest und die dich so haben werden lassen, wie du geworden bist.« Gegen Ende kann Herr Klein sogar sagen, dass er tief dankbar ist, durch die Möglichkeiten der Begleitung an dieses Erkennen und Verstehen gelangt zu sein: »Ich weiß, dass die Zeit damals dafür nicht reif war und dass der Zugang zu solchen Möglichkeiten nicht bestand. Und als du älter warst, waren deine Erinnerungen aus für dich gutem Grund bereits so verschüttet, dass du diese ›Dose‹ nicht mehr öffnen wolltest. Du warst mir Vater, so gut du es sein konntest. Ich danke dir dafür und söhne dich aus! Und ich schließe meinen Frieden mit dir und mit mir!«[1]

Norbert Mucksch, Diplom-Theologe, Diplom-Sozialarbeiter, Pastoralpsychologe (DGfP), ist Fachbereichsleiter »Sterbe- und Trauerbegleitung« an der Kolping-Bildungsstätte Coesfeld/Heimvolkshochschule und Lehrbeauftragter an der Katholischen Hochschule NRW, Abt. Münster. Darüber hinaus ist er tätig als Berater, Fortbildner, Moderator und als Supervisor (DGSv).
E-Mail: norbert.mucksch@t-online.de

Anmerkung

1 Fallbeispiel aus: Norbert Mucksch: Frieden schließen – Die Bedeutung der Versöhnung in der Trauerbegleitung. Göttingen, Vandenhoeck & Ruprecht, 2017, S. 69.

BeziehungsWEISE – was (ver-)bindet uns?
BVT-Tagung, 18.–20. Februar 2018, Augustinerkloster Erfurt

Mit herzlichen Begegnungen unter den Kolleginnen und Kollegen in einer offenen Ankommensrunde begann die Tagung. In einem »Open Space« wurden dann in mehreren Tischgruppen mit stets wechselnder Besetzung individuelle Anliegen, Wünsche und Erwartungen an Verband, Tagung und gemeinsame Arbeit benannt. Der Nachmittag bot Workshops zu verschiedenen Aspekten der praktischen Arbeit, geleitet von BVT-Mitgliedern, zum Beispiel *Männertrauer*, »Ökotrauer« oder *Trauerarbeit mit Flüchtlingen*.

Open Space

Jena Jubilee Singers und der *Heaven's Garden* Gospelpop-Chor Erfurt

Den Abend gestalteten die *Jena Jubilee Singers* und der *Heaven's Garden Gospelpop-Chor Erfurt* mit einem Benefizkonzert in der St.-Lorenz-Kirche unter dem Thema »Ein Lied für dich«. In einer vollen Kirche vor einem begeisterten Publikum waren bewegende Gospelklänge zu hören (auch auf YouTube verfügbar). Der BVT verleiht in seinem zehnten Jubiläumsjahr erstmalig einen Ehrenpreis an verschiedene Persönlichkeiten, die sich in besonderer Weise in der Öffentlichkeit für Trauernde einsetzen. Im Anschluss an das Konzert wurde der erste Ehrenpreis der Thüringer Sozialministerin *Heike Werner* überreicht.

Marianne Bevier (Vorsitzende des BVT) und Heike Werner (Thüringer Sozialministerin)

Am 19.02.2018 wurden die Themen, die im Rahmen des Open Space benannt worden waren, allen vorgestellt. Anschließend tagten die beiden Fachgruppen »Qualifizierende« und »Begleitende« jeweils für sich.

Renata Bauer-Mehren moderierte das Treffen der Fachgruppe der Qualifizierenden. Fünf neue Mitglieder konnten begrüßt werden: *Susanne Haller, Katharina Schönfuß, Nicole Nolden, Kirsten Fay* und *Gertraud Echter-Burkhardt* wurden mit herzlichem Beifall aufgenommen.

Bei dieser Gelegenheit wurden Einzelheiten des Aufnahmeverfahrens erläutert. *Irmgard Häussermann* und *Karina Kopp-Breinlinger* beendeten ihre langjährige Mitarbeit in der AG Neuaufnahme. Ihnen wurde spontan und auch später noch in der Mitgliederversammlung offiziell und ausführlich für ihre umfangreiche und anspruchsvolle Arbeit gedankt. Leider konnte Karina, die erkrankt war, den Dank nicht persönlich entgegennehmen. Ihre Nachfolge traten *Susanne Halle*r und *Regine Rudert-Gehrke* an, die zusammen mit *Christine Fleck-Bohaumilitzky* nun die AG Neuaufnahme bilden. Für die Neuaufnahmen mit dem Qualifizierungsformat Kinder- und Jugendtrauerbegleitung sind weiterhin *Walburga Schnock-Störmer, Detlef Bongartz* und *Christine Fleck-Bohaumilitzky* verantwortlich.

Am Nachmittag schilderte Univ.-Prof. Dr. Egon Stephan in einem lebendigen Vortrag »Berufsrechtliche Aspekte in der Trauerbegleitung bei der geplanten Aufnahme einer Diagnoseziffer für erschwerte Trauer in den ICD«. Am Abend folgte ein Vortrag von Dr. Hans-Joachim Maaz zum Thema »Liebe und Trauer«.

Die Tagung endete am Dienstag mit der Mitgliederversammlung. Dabei wurde die von *Uta Schmidt* besetzte Klärungsstelle um *Judith Kolschen* erweitert.

In den Tagen ergaben sich viele Gelegenheiten für persönliche Begegnungen und fachlichen Austausch zwischen alten und neuen Mitgliedern.

Eva Borgmann, Christine Fleck-Bohaumilitzky, Gabriele Mariel Pauls-Reize

Vorschau Heft 3 | 2018

Thema: Mystik, Mythen, Aberglaube

Volkstümliche Todesvorboten

Die Wiederkehr der armen Seelen

Kontakte mit dem Jenseits

Von der Angst in der Gruft – Ein Interview

Tod durch Vorstellungskraft

Parapsychologische Phänomene

Was hat Esoterik zu Krankheit, Verlust und Tod zu sagen?

u. a. m.

Impressum

Herausgeber/-innen:
Monika Müller M. A., KAB-Ring 22, D-53359 Rheinbach
E-Mail: vr-leidfaden@monikamueller.com

Prof. Dr. med. Lukas Radbruch, Zentrum für Palliativmedizin,
Von-Hompesch-Str. 1, D-53123 Bonn
E-Mail: Lukas.Radbruch@malteser.org

Dr. phil. Sylvia Brathuhn, Frauenselbsthilfe nach Krebs e. V.,
Landesverband Rheinland-Pfalz/Saarland e. V.
Schweidnitzer Str. 17, D-56566 Neuwied
E-Mail: Brathuhn@t-online.de

Dr. Dorothee Bürgi (Zürich), Prof. Dr. Arnold Langenmayr
(Ratingen), Dipl.-Sozialpäd. Heiner Melching (Berlin),
Dr. Christian Metz (Wien), Dipl.-Päd. Petra Rechenberg-Winter
M. A. (Hamburg), Dipl.-Psych. Margit Schröer (Düsseldorf),
Prof. Dr. Reiner Sörries (Erlangen)

Bitte senden Sie postalische Anfragen und Rezensionsexemplare
an Monika Müller, KAB-Ring 22, D-53359 Rheinbach

Wissenschaftlicher Beirat:
Dr. Colin Murray Parkes (Großbritannien), Dr. Sandra L. Bertman
(USA), Dr. Henk Schut (Niederlande), Dr. Margaret Stroebe
(Niederlande), Prof. Robert A. Neimeyer (USA)

Redaktion:
Ulrike Rastin M. A., Verlag Vandenhoeck & Ruprecht GmbH &
Co. KG, Robert-Bosch-Breite 6, D-37079 Göttingen,
Tel.: 0551-5084-423, Fax: 0551-5084-454
E-Mail: ulrike.rastin@v-r.de

Bezugsbedingungen:
Leidfaden erscheint viermal jährlich mit einem Gesamtumfang von
ca. 360 Seiten. Bestellung durch jede Buchhandlung oder beim Verlag.
Jahresbezugspreis € 70,00 D / € 72,00 A. Institutionenpreis
€ 132,00 D / € 135,80 A / SFr 162,00, Einzelheftpreis € 20 D /
€ 20,60 A (jeweils zzgl. Versandkosten), Online-Abo inklusive für
Printabonnenten. Preisänderungen vorbehalten. Die Bezugsdauer
verlängert sich jeweils um ein Jahr, wenn nicht eine Abbestellung
bis zum 01.10. erfolgt.

Verlag:
Vandenhoeck & Ruprecht GmbH & Co. KG, Theaterstr. 13,
D-37073 Göttingen; Tel.: 0551-5084-40, Fax: 0551-5084-454
www.vandenhoeck-ruprecht-verlage.com

ISSN 2192-1202
ISBN 978-3-525-40619-9
ISBN 978-3-647-40619-0 (E-Book)

Umschlagabbildung: © Sylvia Brathuhn

Anzeigenverkauf: Anja Kütemeyer, E-Mail: anja.kuetemeyer@v-r.de

Bestellungen und Abonnementverwaltung:
HGV Hanseatische Gesellschaft für Verlagsservice mbH,
Servicecenter Fachverlage, Holzwiesenstr. 2, D-72127 Kusterdingen;
Tel.: 07071-9353-16, Fax: 07071-9353-93,
E-Mail: v-r-journals@hgv-online.de

Alle Rechte vorbehalten. Das Werk und seine Teile sind
urheberrechtlich geschützt. Jede Verwertung in anderen als den
gesetzlich zugelassenen Fällen bedarf der vorherigen schriftlichen
Einwilligung des Verlages.

© 2018
Vandenhoeck & Ruprecht GmbH & Co. KG,
Theaterstraße 13, D-37073 Göttingen

Gestaltung, Satz und Lithografie: SchwabScantechnik, Göttingen
Druck: KESSLER Druck + Medien GmbH & Co. KG,
Michael-Schäffer-Str. 1, D-86399 Bobingen

Printed in Germany